本书获江苏省软科学基金与扬州

ZHONGZHIYE JIEGOU BIAND
BIANHUA JI YINGXIANG YI.

U0598139

种植业结构变动、效率变化及影响因素研究

——以江苏省为例

薛庆根　著

经济科学出版社

Economic Science Press

图书在版编目（CIP）数据

种植业结构变动、效率变化及影响因素研究/薛庆根著.
—北京：经济科学出版社，2013.10
ISBN 978 - 7 - 5141 - 4076 - 7

Ⅰ.①种… Ⅱ.①薛… Ⅲ.①种植业结构 – 生产效率 –
影响因素 – 研究 – 江苏省 Ⅳ.①F326.1

中国版本图书馆 CIP 数据核字（2013）第 287422 号

责任编辑：周秀霞
责任校对：王肖楠
版式设计：齐　杰
责任印制：李　鹏

种植业结构变动、效率变化及影响因素研究
——以江苏省为例
薛庆根　著
经济科学出版社出版、发行　新华书店经销
社址：北京市海淀区阜成路甲 28 号　邮编：100142
总编部电话：010 - 88191217　发行部电话：010 - 88191522
网址：www.esp.com.cn
电子邮件：esp@esp.com.cn
天猫网店：经济科学出版社旗舰店
网址：http://jjkxcbs.tmall.com
汉德鼎印刷厂印刷
华玉装订厂装订
710 × 1000　16 开　9.75 印张　160000 字
2013 年 12 月第 1 版　2013 年 12 月第 1 次印刷
ISBN 978 - 7 - 5141 - 4076 - 7　定价：45.00 元

目　录

第 *1* 章

绪　　论

1.1　研究背景与问题的提出

1998 年，我国开启新一轮农业结构调整计划，作为农业结构调整中最为基础与核心的种植业结构调整，正经历从追求农作物的产量向质量与经济效益的转变，也从过去片面强调"以粮为纲"战略向以粮食生产为主的多种作物综合经营与发展的转变。这次我国种植业结构调整的战略目标是满足人口增长对农产品总量增长的巨大需求，以保证食物安全；在保证粮食总量平衡与稳步增长的前提下，以经济效益为中心，进行种植业结构的调整与优化，大力发展优质高效种植业，实现农产品质量突破性转变；通过种植业结构调整，提高农产品商品化率，增加农民收入；构建与我国经济发展相适应并具有国际竞争力的种植业生产体系，形成科学合理的农业生产力布局，提高种植业的整体品质与收益，实现农民收入持续、稳定地增长。

可见，此轮种植业结构调整是以保障未来粮食安全为核心任务，以国内和国际市场为导向，优化种植业总体区域布局和资源配置，协调和完善种植业内部的结构比例，最终实现农民的持续增收为目标。这次对种植业结构进行的战略性调整，是新时期我国农业和农村经济发展的必然要求，是响应与落实中央一号文件对"三农"问题的具体对策，也是推动农村发展，拓宽农民增收途径、增加农民收入并缩小城乡收入差距，增强农业竞争力的紧迫需要。

但是随着社会各个层面对种植业结构调整形成共识的同时，一些关于种植业结构调整与优化的理论与实证的基础性问题迫切需要归纳整理，这包括：改革开放以来种植业结构经历了哪些变化，是否有什么演变规律？发展至今，种植业的现状又是如何？种植业的结构变动对经济效益增长的作用有多大？种植业结构变动与土地资源的配置效率如何？种植业结构变动是否带来了生产效率的提高？影响种植业结构变动的因素有哪些？

只有梳理清楚上述种植业的相关问题，正确理解、衡量和分析我国种植业发展水平的变化趋势及其影响因素，并有针对性地制定地区种植业发展战略，才能合理、有效和稳定地推动种植业结构调整，才能全面地统筹、协调我国产业之间的快速、健康发展，才能持续地稳定促进农村发展和增加农民收入。由此可见，研究种植业结构变动的效率与影响因素，这对种植业结构调整具有积极的指导意义和现实意义。

江苏省作为中国著名的"鱼米之乡"，又是现阶段中国省域中经济、社会发展最发达的省份之一，尤其是改革开放以来，江苏省农业和农村经济发展取得了巨大成就，也作为全国农业生产的示范区，在当前"十二五"这个关键时期更应该合理调整和优化种植业内部结构，适应市场经济的要求、保障农产品供给、提高耕地利用效率与种植业生产效率、促进农民增收与农业、农村的可持续性发展，为江苏省的经济社会发展继续做出更大的贡献。

因此，本书以江苏省种植业结构变动为研究对象，利用农业统计数据，深入分析江苏省种植业结构变动的历史沿革以及现状，并利用计量工具来测算与分析种植业结构变动对经济产值的贡献程度、其对土地资源的配置效率以及结构变动所带来的生产效率变化，最后分析种植业结构变动的影响因素，这些结果有利于各级政府和组织认识到当前我国及江苏省种植业发展的真实情况，为协调地区种植业发展提供有效的对策与帮助，促使种植业朝着既定的战略目标发展。

1.2 主要内容

1.2.1 内容架构

本书在现有的研究成果的基础上，致力于探讨种植业结构变动所引致的效率变化，并寻找影响种植业结构变动的因素，为种植业结构调整与优化提供合理、准确和全面的理论依据。因此，本书对具体内容结构安排如下：

第 1 章为绪论，主要介绍研究背景与意义，简要介绍本书的研究框架与方法，最后介绍本书的研究创新与不足点。

第 2 章为文献综述与基本理论，文献综述部分主要是通过对国内外相关研究梳理与回顾，并加以评述。后一部分基本理论包含了农产品供求均衡理论、农业结构理论、资源配置理论和效率理论，为以后章节的研究奠定理论基础。

第 3 章是江苏省种植业结构变动的历史沿革和现状分析。首先，对本书要研究的主体与对象进行了界定；其次，在 1990～2010 年的农业与种植业数据的基础上，深入分析江苏省种植业结构变动的演变过程，包括江苏省种植业在农业结构中变动以及种植业内部粮食作物、经济作物与蔬菜瓜果类作物的变动情况；最后，描述在江苏省历年结构调整过程中所形成的一些新的种植业现状。

第 4 章是种植业结构变动对经济效益的贡献因素分析。从上一章江苏省历年种植业结构演变过程中发现，种植业结构调整显著地促进经济效益的提升，而经济效益直接关系与影响到农民的种植收入，尤其在农民增收的背景下，定量地测算结构变动对种植业总产值增长的贡献就具有重要的现实意义。因此，通过结构贡献模型测算江苏省"八五"到"十一五"期间种植业结构变动对种植业总产值的贡献程度，并分别探究了结构变动对粮食作物与经济作物产值贡献程度。

第 5 章是在最优效益角度下的结构变动与土地资源配置研究。江苏省快速城市化进程中用地需求增长，导致农业耕地面积逐年减少，在第 4 章模型结果中显示出对总产值增长的面积贡献与种植结构贡献两者均从正向转为负向，尤其在"十一五"期间的种植结构贡献为负，说明每种作物的播种面积变动与产值增长之间存在着不合理之处。因此，从每种作物的耕地资源角度出发，通过农业资源配置模型，测算 1991～2010 年江苏省每种作物的结构变动与土地资源的配置效率，并分析在最优配置角度下的土地资源在不同农作物之间的流动情况。

第 6 章是江苏省种植业结构变动与生产效率的分析，这主要是因为在结构变动与土地资源的配置效率的研究中，计算得到的每种作物的土地资源流动能力值 $a_{ij} \neq 0$，暗示了江苏省种植业之间的土地资源仍未达到最优配置效率，这种作物之间土地资源的非最优配置效率，催生了更深层面上对结构变动与生产效率的探讨。这一章主要通过数据包络分析模型和曼氏指数，着重分析种植业结构变动所引致的生产效率变化，目标是测算结构变动是否带来了江苏省种植业技术效率与全要素生产率的提高。

第 7 章是种植业结构变动的影响因素研究。由于江苏省种植业结构变动的平均技术效率水平在近 20 年间出现了下降，这种技术效率年均降低 2% 的阻碍作用使 TFP 增长缓慢，仅保持了 0.1% 的低增长。种植业结构变动所引致的如此低水平的生产率增长，需要从根源上探讨结构变动的影响因素。因此，这一章中总结已有的研究成果，定性探讨种植业结构变动的影响因素，再构建相关指标和利用统计数据，定量地分析结构变动的主要影响因素，并阐述影响因素对种植业结构变动的作用机理。

第 8 章是本书的研究结论，对全书进行总结，并提出了江苏省种植业结构变动的政策建议。

1.2.2 研究方法

本书系统地整理国内外有关研究成果以及采用大量农业统计数据，采取多种现代经济学分析方法与数量统计分析方法，研究江苏省种植业结构演变过程、效率变化以及影响因素。本研究主要采用数理统计、实证分析，将定性分析与定量分析相结合的方法。

1. 数理统计分析

在江苏省种植业结构变动的历史沿革与现状分析中，利用统计数据，关注 1991 ~ 2010 年种植业在农业中的变动以及粮食作物与经济作物在种植业结构中的变化，并关注了新时期江苏省种植业的变动现状，从而在宏观上了解与把握江苏省种植业结构变动详情。

2. 模型实证分析

在本书研究中，第 4 章运用结构贡献模型，将种植业结构变动对总产值增长的贡献分解成价格贡献、单位产量贡献、总播种面积贡献与种植结构贡献四个部分，分别分析种植业总体、粮食作物与经济作物的各种贡献程度，并针对每种农作物产值的价格贡献做了特殊说明。第 5 章运用农业系统资源优化配置的非线性模型测算结构变动与土地资源配置效率，考察在最优配置条件下各种农作物的土地流动情况。第 6 章中利用数据包络分析与曼氏指数，测算江苏省种植业结构变动的生产效率变化，考察结构变动与生产效率之间的关系。第 7 章采用逐步回归方法定量地测算影响种植业结构变动的因素，并根据相关测算和分析结果，提出种植业结构调整的相关政策建议。

1.2.3 数据来源

本书的数据主要通过查阅各类文献、资料以及相关统计年鉴获取我国及江苏省农业经济、农业政策等宏观数据资料。

由于本书研究时间长达 21 年，研究期为 1990～2010 年，在检索农业数据时往往存在一本统计年鉴收录不全的情形，需要结合相关的农业统计年鉴，这其中涉及统计口径、方法和统计单位变动等现实原因，本书均经过仔细核对和查验，以保证数据的准确性。

正文部分图、表所涉及的农业统计数据，一般均在底部给出数据来源说明和相关变动的详细解释。本书摘录的数据以农业数据为主，主要包含农作物播种面积、产量、农产品收购价格、农产品价格平减指数、农业现代化（机械总动力、各类机械数量、机耕、机播、机收和机械植保面积）数据、农资产品（化肥、农药）用量与价格数据、农业建设（灌溉、中低产田改造）数据、自然灾害数据、城镇与农村居民收入、消费支出详细数据等。上述数据来源于《中国农村统计年鉴》、《中国农业年鉴》、《江苏统计年鉴》、《全国农产品成本收益资料汇编》、《中国统计年鉴》、《中国农业统计资料》、《江苏农村改革发展 30 年》。

1.2.4 技术路线

上文介绍了本书的结构和章节设计，其研究框架设计如图 1 - 1 所示。

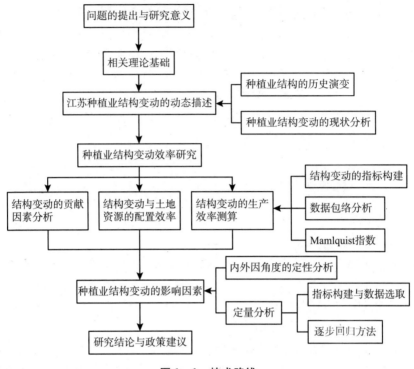

图 1 - 1 技术路线

1.3 创新与不足

改革开放以来，江苏省工业化和城市化进程的推进带来了经济、社会巨大的发展和进步，但是农业的地位在经济总量中的贡献作用逐渐减弱，同样带来"三农"问题的日益严重和城乡差异的扩大，江苏省出现了地区经济社会发展的不平衡问题。因此，本书以农业中核心的种植业为研究对象，分析在国家和地区新一轮结构调整的背景下的种植业各种效率问题的研究。

1.3.1 创新

本书的创新之处主要体现在以下两个方面：

（1）在对种植业结构变动的影响因素探讨中，多数已有的研究采用定性分析方法，本书选取种植结构贡献作为代表结构变动的指标，对种植业结构变动效果的影响因素进行定量分析，从而拓展结构变动方面的研究内容。

（2）本书对种植业结构变动的效率研究中的指标构建做出了一些探索，通过采用每种作物的本年度与上一年的投入量与产出量的比值，构建历年作物的投入与产出变动数据，并用于 DEA 与 Mamlquist 模型测算种植业效率变化，具有一定的合理性和可操作性。

1.3.2　不足

本研究也存在诸多不足，主要体现在以下两个方面：

（1）影响种植业结构变动的因素有很多，而一部分重要的影响因素无法纳入定量分析中，从而使相关因素的研究只能在定性角度来探讨，如价格与政策因素，由于缺少切实可行的可量化数据，导致本书对结构变动的影响因素分析中，政策、价格因素无法进入定量分析。

（2）关于江苏省种植业各地区和各农作物的详细数据无法上从统计年鉴中获取，使本书研究种植业结构变动的效率问题和影响因素只是在省级层面上展开的，缺乏在更细致的地区或作物层面捕捉和研究种植业结构变动的详情和内部具体的要素流向。

第 **2** 章

文献综述与相关理论基础

2.1　文献综述

2.1.1　国外研究动态综述

1. 有关农业结构变化的宏观分析

从世界各国的发展史来看，随着经济与社会的发展，农业在国民经济中所占的比重是逐渐下降的，这样一种国民产业之间的演变趋势，早在1672 年威廉·配第（William Petty）在《政治算术》一书中就已发现和描述，到后来华西里·列昂惕夫（Wassily Leontief）、克拉克（Clarke）、西蒙·库兹涅茨（Simon Smith Kuznets）、罗斯托（W. W. Rostow）、刘易斯（W. Arthur Lewis）和钱纳里（H. Chenery）等人通过相关研究逐步加以证实。

如果说上述经济学家们只是从国民产业宏观角度上论述和验证了农业在国民产业份额中下降的基本趋势，并没有深入考察到农业内部的微观变动，那么从目前可以检索到的文献资料来看，A. 季什（Ji Shen）（1980，匈牙利）测算了 1938～1978 年匈牙利农业生产结构的变化，该国大田栽培业占农业总产值的份额比例减少，作为集约部门的蔬菜业和果树业的比重增加了一倍半，同时畜牧业的份额是初期农业总产值的 1/3 增长到 1978年的近一半左右，所以作者指出"畜牧业、蔬菜业和果树业的空前发展是国家农业结构改变的最大特点"。再从大田栽培业的播种面积结构来看匈牙利的农业发展，1938 年的粮食作物（小麦和黑麦）面积是总播种面积的 41%，到 1978 年只占到全部播种面积的 30%，而饲料作物（大麦和燕麦）的播种面积大体上也出现类似粮食作物的比例减少，与上述减少的同时，由于畜牧业的集约发展，特别是消费浓缩饲料的养猪业和养禽业的发展，使玉米的播种面积显著地扩大了。对于匈牙利农业结构的变化，作者认为主要因素是作物单位面积产量增长，谷物的播种面积之所以能够减少，是因为顺利提高了它们的单位面积产量，从而腾出部分面积用于扩大玉米、蔬菜和技术作物的播种，以及扩大大田饲料作物的栽培。对自身国家农业结构变动的研究，历来是农业经济学家、社会学家与统计学家们关注的焦点，如 D. K. 卜利顿（D. K. Blyton）[①]（1977，英国）、贝·维阿尔（B. Vial）[②]（1975，法国）、特·维曼（T. Weiman）与米·维曼（M. Weiman）[③]（1978，美国）、W. W. 威尔科克斯（W. W. Wilcocks）[④]（1974，美国）、小仓武一[⑤]（日本）、C. 沙拉马诺夫（C. Shalamanov）[⑥]（1976，苏联）、恩·安塔尔（En. Antar）[⑦]（1977，西德）和沃尔斯顿（Walston）[⑧]（1973，英国）等。

日本东京大学社会科学研究所田岛俊雄[⑨]教授基于 20 世纪 90 年代初在中国各地进行的农村详细调查，针对中国农业 1984 年取得大丰收后至 1988 年处于全国性的"徘徊"局面下，调查了粮食主产地的 155 个行政村，从而描述了中国农业的结构变化。中国农业结构的变动主要反映在四

① 《农业经济译丛》编辑部编. 农业经济译丛, 农业结构长期演变的一些探讨. 农业科技出版社, 1980, 8: 136 – 150.

② 《农业经济译丛》编辑部编. 农业经济译丛, 法国农业结构与农业政策. 农业科技出版社, 1980, 8: 151 – 168.

③ 《农业经济译丛》编辑部编. 农业经济译丛, 加拿大农业组织、结构和管制的变化. 农业科技出版社, 1980, 8: 119 – 135.

④ 《农业经济译丛》编辑部编. 农业经济译丛, 变化中的美国农业结构. 农业科技出版社, 1979, 11: 123 – 136.

⑤ 《农业经济译丛》编辑部编. 农业经济译丛, 日本的农业结构. 农业科技出版社, 1979, 11: 78 – 98.

⑥ 《农业经济译丛》编辑部编. 农业经济译丛, 经互会各国农业生产的结构及其变化. 农业科技出版社, 1980, 8: 83 – 102.

⑦ 《农业经济译丛》编辑部编. 农业经济译丛, 1971 – 1976 年匈牙利的农业. 农业科技出版社, 1980, 8: 50 – 64.

⑧ 《农业经济译丛》编辑部编. 农业经济译丛, 英国的农业结构. 农业科技出版社, 1979, 11: 99 – 122.

⑨ 田岛俊雄著, 李毅、杨林译, 魏杰校. 中国农业的结构与变动. 经济科学出版社.

个方面：调查对象村的人口以及农户数均出现增加；就业人口 4 年来增加了近一成，其中以非农业和非粮食部门增加显著，而农业年龄构成上，女子所占比例略高，同时出现"老弱病残农业"的现象；耕地面积由于住宅、工业用地的占地，种草、植树等用途变更以及退化的主要原因，在绝对数上出现减少。但是土地利用率、集约度上只是略减，在进行集约式的土地利用的意义上种植业的重要性并没有下降。此外，在作物构成上，粮食、经济作物所占比重虽然略有下降，两者的关系并未发生显著变化；粮食生产与销售数量发生变化，表现为国家收购以外的部分定义为市场销售，而这一部分在数量上呈现增加的趋势，但到 1988 年为止这一部分仍然是国家收购水平上的一种补充，销售数量远小于国家收购量。作者强调以粮食生产为主的农业地区，粮食的销售很大程度上依赖于国家的收购，而在总就业中非粮食部门或非农业部门的就业，也仅起到了补充的作用。对中国农业结构变革问题的关注，吸引了世界众多政治家与经济学家的注意，其中 T. B. 威恩斯（T. B. Wiens）（1987，世界银行）论述了中国 1979 ~ 1986 年改革中存在的问题及需要完成建立面向市场的农业经济体系这一目标所涉及的农业产出、价格、税收与立法结构等方面的改革问题。另外，尼古拉·拉第（Nicola Rad, 1986）、OECD[①] 等都对中国农业发展表示出极大的关注和研究。

2. 对农业结构变动的微观研究

西方经济学家从农业投入要素、产出量与组织形式变动（如人口、农业投资、农场经营者收入、农场数量与规模、农业耕地面积与农业企业数量等）的角度对欧美与亚洲各国农业结构行了大量的宏观描述，揭示出农业结构运动具有的一般规律与演变趋势，这不仅较好地刻画了一国的农业结构的变动与演变趋势，也给予一些落后于西方国家的发展中国家促进与改善农业发展的参考经验。然而西方经济学界对农业结构的研究并没有止步于此，更多的学者将研究视角深入到农业微观层次，如生产者行为角度、比较优势理论、基于农民是理性前提下的效率研究，他们开始更多地关注和深层次的研究农业结构变动背后的作用机理。

经济学家在研究农业结构变动问题时非常重视生产者行为，力图以户

① 经济合作与发展组织. 程国强等校译. 中国农业政策回顾与评价, 中国经济出版社, 2005: 32 - 51.

微观决策为出发点来考察农业结构变动的机理（陆文聪[①]，2005）。长期以来，不少经济学家对发展中国家农户行为分析中，认为传统农业中农民对经济刺激不能做出正常的反应，对价格变动的反应不敏感，是"非理性"的。对于这种观点，舒尔茨（1964）与速水佑次郎相继通过观察否定了这一认识，他们认为农民是理性的，在传统农业社会中农民尽管文化程度不高、生产水平低下、对经济刺激不会产生与发达国家农民一致的反应，但是这并不意味着他们缺少经济理性，相反，在引起要素配置低效率的政治条件、社会条件和技术条件的重重限制下，农民对生产要素的配置实现了最优配置。后继学者们基于农户理性假设对农户生产行为进行了大量研究，有迪安（Dean，1966）、纳洛夫（Nerlove，1958）、克里希纳（Krishna，1963）、纳林（Narain，1976）、贝尔曼（Behrman，1968）、玛蒂阿托（Mubyarto，1976）、阿斯卡里和卡明斯（Askari & Cummings，1976），Nowshirvani（1968）研究了 1952～1964 年印度 41 个地区水稻、小麦、大麦、糖料和花生播种面积对价格波动的反应，其后 Nowshirvani（1971）研究表明，农户仅根据价格变动趋势进行生产调节。上述研究也表明，农户生产决策行为是非常复杂的，有许多因素直接或间接地对决策行为起影响作用。除了价格预期等农户本身主观方面外，还受到诸如市场体系的完善程度、农产品竞争环境等客观因素的影响，并且这些客观因素对农户生产决策行为的影响是不容忽视的，有时甚至超过价格因素的作用。

国外利用比较优势理论对农业问题进行研究至今已经发展 50 多年了。首先由美国经济学家 B. 巴拉萨[②]（B. Balassa，1963）提出显性比较优势指数，用一国某种商品出口额占其出口总值的份额与世界该种商品出口额占世界出口额的比率来反映一国产品的贸易比较优势，后被世界银行等国际组织广泛采用。这一指数被不同的学者应用于各国不同产品的实证中，有布鲁诺曼（Bruno M.，1972）、S. R. 皮尔逊（S. R. Pearson，1973）、S. R. 皮尔逊与 P. K. 迈尔（S. R. Pearson & P. K. Mayer，1974）、E. A. 蒙克与 S. R. 皮尔逊（E. A. Monke & S. R. Pearson，1989）、W. A. 马斯特斯与 A. 温特 – 纳尔逊（W. A. Masters & A. Winter – Nelson，1995）、C. A. 卡特与 X. 里（C. A. Carter & X. Li，2000）、K. 安德森（K. Anderson，1990）等，上述学者对比较优势理论的应用和改进，对世界以及中国农产

---

① 陆文聪. 粮食市场化改革的农业结构变动效应及对策研究 [M]. 中国农业出版社，2005：21－24.

② 郭翔宇，刘宏曼. 比较优势与农业结构优化 [M]. 中国农业出版社，2005：4－6.

品和农业宏观政策进行了深入的研究。

美国经济学家舒尔茨[①]（T. W. Schultz, 1964）提出了著名假说——发展中国家的家庭农业是"有效率但贫困"，所以，"在传统农业中，生产要素的配置很少出现显著的无效率现象"。农民有效率的命题将利润最大化的生产动机加到农民身上，正如弗兰克·艾利思（Frank Ellis, 1974）在《农民经济学》一书中指出的，效率与利润最大化是一个硬币的两面，就单个生产者而言，不可能有其中一面而没有另一面。谈及经济效率需要竞争市场为前提，因为如果不同的生产者面对不同的价格，或者某些经济主体能够影响价格进而影响其他经济主体的收益，那么单个生产者、整个生产部门也不可能达到经济效率。然而，由于农民部分地参与不完全竞争的市场，所以严格的经济效率定义也就被排除出去了。但是不得不说，即使农民经济的性质不允许其达到严格新古典意义的效率，它也不表示，面对着多重目标和限制条件的农户不可能明确地做出初步的经济计算。事实上，正是这类初步的计算，构成了发展中国家大部分农业政策和农业计划的出发点。因此，对农户出于利润最大化行为的效率研究就出现在众多经济学家的视野中。20 世纪 60 年代，在印度和非洲进行的一系列实地调查[②]（霍珀，1965；Chennareddy，1967；萨侯塔，1968；赛尼，1968；巴纳姆与斯夸尔，1978；阿里与弗林，1989；Norman，1974，1977），调查结论显示农民倾向于把每种可变投入的边际价值产品与其市场价格吻合起来，从而得到的结论是农民是有配置效率的。与此同时，研究得出相反结论的也是存在的，如夏皮罗（Shapiro, 1983），弗兰克·艾利思指出相互矛盾的研究结论中，主要原因归结为忽视各个农民之间技术能力的差异性和生产函数设定形式的不同。

而对技术效率方面的研究，如夏皮罗（Shapiro, 1983）在考察坦桑尼亚种植棉花的农民时现，如果调查样本中所有农户都达到样本中最有效率的农户水平，那么样本农户的产量将增加51%。阿里和拜尔利（Ali & By-erlee，1991）对农民效率的研究文献综述得到，在比较 12 个类似研究成果时，研究发现农民技术无效率的平均程度是30%，个别案例得出的数据从低于10%到高于50%不等。其中，尤其是位于菲律宾的国际稻米研究

① 弗兰克·艾利思著，胡景北译. 农民经济学：农民家庭农业和农业发展. 上海人民出版社，2006：66.

② 弗兰克·艾利思著，胡景北译. 农民经济学：农民家庭农业和农业发展. 上海人民出版社，2006：79－89.

所于 20 世纪 70 年代从事的 "产量差距" 研究（Herdt & Mandac，1981；Barker，Herdt & Rose，1985）较为出色，研究者将技术无效率与配置无效率涵盖在 "产量差距" 中，通过比较试验田的产量与同一农户实际的平均产量，并将这两者的差距分为三个部分：（1）反映出正确的最大利润行为的向下调整；（2）不正确的配置决策；（3）技术无效率。在他们确定的 25% 的产量差距中，认为 14% 可归因于技术无效率，10% 归因于配置无效率，还有 1% ~2% 是因为 "追求利润"，即为达到配置效率而做出的正确调整。

利润最大化农民理论最基本的政策含义，是农民家庭对农业投入和产出价格变化作出符合经济理论预见的反应，但是农民对此反应的速度与程度取决于他们面临的资源约束和市场失灵的程度。那些通过提高农产品价格或者降低农用可变投入价格来增加农业产量的经济政策，依据的正是农民追求利润最大化的行为模式。

最后需要指出，对国外种植业结构变动的文献检索与阅读过程中，很难清楚地分开农业与种植业的研究，两者往往交织在一起，因此若仅对种植业结构变动研究的外文文献整理，面临两个棘手的问题：一是文献数量有限；二是种植业结构变动常纳入农业结构变动研究中，作为其文献一部分而无法独立，若扣除掉畜牧业、林业与渔业等部分之后，则剩下部分就是种植业。这也是 2.1.1 节国外研究动态综述中小标题设置为农业结构变动而非种植业结构变动的原因，但实质上从已获取的资料来讲，这两者是相通的，因为种植业一般理解为狭义上的农业。

2.1.2　国内文献综述

中国是世界上历史悠久的农耕文明古国，在世界各国农业结构变迁与发展的现实中，我国长达数千年的农业文明同样面临向现代农业转型问题，这种过程中所涉及的各个方面的问题与解答，吸引了众多经济学家与世界机构的关注，如约翰·洛辛·巴克（John Lossing Buck）、田岛俊雄、OECD 与世界粮农组织等。与此同时，我国经济学者们也对本国农业问题的倾入了大量探索与研究，尤其是种植业结构变动与调整这一领域，学者们很早就已经认识到农业是国民经济的基础，而种植业又是农业的中心，它不仅事关国家粮食安全大局，对国民经济各部门的发展也具有深远影响①。稳定发展种植业生产，对促进我国农业和农村经济发展乃至国民经济平衡较快发展具有重要意义②。种植业结构优化升级是农业结构战略性调整的重要组成部分，是农业进一步发展的核心所在。种植业结构优化升级目标实现了，就会极大地推动农业结构的战略性调整，缓解自然灾害严重、市场竞争加剧和供求关系趋紧的矛盾，切实维护国家粮食安全，保持生产者增收势头，实现农业的可持续发展③。从目前我国农业经济学家对种植业结构调整的相关研究成果来看，主要集中在以下五个方面：

1. 从种植业结构调整的动因来看，目前的研究主要集中在种植业结构调整与农民增收的关系

尽管种植业结构调整对农民增收的效应这一命题影响了近十年来我国农业政策的选择，但学术界对此命题的研究并未达成一致意见。一些学者认为，种植业结构调整的经济效应主要体现为优化农业资源配置，提高农业生产效率，并不是增加农民收入（宋洪远、廖洪乐，2001；张明林、黄国勤，2002）。

另一些学者认为，种植业结构调整与农民收入密切相关。国家统计局农村社会经济调查总队调研组（2001）对浙江、福建和山东三省农业结构调整对农民增收作用的调查报告中提出，不能低估农业结构调整的增收效应。钟甫宁、叶春辉（2004）通过建立中国农业生产结构调整模型，按照测算出的农产品比较优势状况确定各地农业结构调整的方向，再以农民收入最大化为目标，模拟不同开放程度和市场价格条件下主要农产品的调整幅度与农民收入的变化，通过模拟发现，在不同情况下农业结构调整会使农民收入增加 5.6% ~ 7.55%。李国祥（2005）认为，农业结构调整加快了农业市场化进程，提高了农民收入的货币化程度。霍丽娅（2006）认为，因地制宜地进行种植业结构调整，将会快速提高农民收入。董晓霞（2008）通过对环北京地区 140 公里圈层以内 50 个村的 490 位农户的随机

① 刘小英，柴志敏，李富忠. 山西省种植业结构调整问题研究 [J]. 山西农业科学，2009，37（10）：3-6，9.

② 谭卓，王云飞，李振兴. 对调整种植业结构影响因素的统计分析与研究——以湖南省种植产业为例 [J]. 中国科技论坛，2008（12）：99-103.

③ 王为农，孙永朋. 我国种植业结构优化升级的思路及政策建议 [J]. 经济研究参考，2008（39）：24-40.

调查分析，建立计量模型研究了该地区近年来种植业结构调整对农户收入的影响。结果表明种植业结构调整显著提高了农户家庭的种植业收入，而对农户家庭总收入并没有显著影响。

2. 从我国种植业结构调整的方向来看，国内对当前的农村经济结构，包括种植业结构调整的政策建议大多是通过理论分析提出调整方向

从中华人民共和国成立到十一届三中全会这段时间里，种植业结构调整基本由政府主导，这时的种植业结构调整就是以追求高产、多产为目的，种植业结构的研究也多以高产、多熟种植模式为主[①]。20 世纪 80 年代，生态观点和耕作学科的发展，使种植业结构调整的研究开始注重生态因素和问题。如马世骏等（1984）提出农业生态系统的观点指导种植业生产，高德明等（1993）用生态位的观点来评价了苏南地区种植业结构调整。进入 90 年代后，"两高一优"的结构战略调整方针已经提出，种植业结构调整也由以前单纯数量型转向产量、经济、生态复合型方向发展，种植业结构调整以"多元种植"为主体，对各个不同地区适宜的、合理的、高效的多元种植制度的研究成了重点（陈阜等，1997）；赵强基（1998）、王志敏（2000）等认为，可持续农作、集约多熟超高产仍然是 21 世纪我国粮食生产发展的重要途径，提高农民收入和改善农业生态环境应该同步进行；王义贵等（1996）探讨了江苏姜堰市几种不同种植业结构的效益，认为在城郊和各乡镇集镇附近发展纯菜型和粮食菜型的种植制度能显著提高种植业效益；秦双月（1994）、卢良恕（1999）提出了在农业中进行市场研究的重要性，除了应该为农村及时准确地提供农业信息外，种植业的发展还要走"以产促销、以销定产，供销一体化的市场路子"；陈丞等（2001）肯定了种植业结构调整中的市场风险性，从政府角度提出了农业保险、落实保护政策、规范市场行为等应对市场风险的措施；随后，周小平等（2002）对种植业生产的风险研究中采用了线性周期叠加波动数学模型和矩阵决策模型，实现了风险性研究的定量化。

对于如何应对种植业结构调整中的市场风险，众多学者认为发挥比较优势对农业资源进行边际调整是解决种植业结构问题的着眼点。众多学者采用多种测算指标度量各地区作物的优势水平，并依据各自结论提出了调整方案。常用的测算指标包括显示性比较优势、国内资源成本系数、相对

---

① 赵其国. 我国农业可持续发展问题初探 [J]. 农业现代化研究, 1998 (5).

贸易优势等，分别反映投入产出、比较成本、贸易方面的优势水平，调整方案则包括按照优势水平的定性化的增减方案和以生产成本为基础的规划求解方案。研究表明，农作物在地区间、品种间存在着明显的比较优势差异（徐志刚，2001），这种差异表现在生产成本、生产潜力、生产能力各方面（王秀清，1999；祝美群、白人朴，2002；徐志刚，2001）。

2008 年国际金融危机的持续蔓延，打乱了我国农业经济转型的步伐，以市场需求为导向调整农业结构再次成为我国农业应对国际金融危机的举措和方向（罗攀柱、张慧军，2009）。

王为农和孙永朋（2008）认为，要确定好种植业结构优化升级的总体思路，构建结构优化、资源整合、产出比大、质量安全、产业延伸、附加值高的种植业产业体系，进一步促进农业结构战略性调整，实现农业可持续发展。具体来说，要加强基础设施建设，加快技术替代资源步伐，完善土地流转机制，促进农业信息化建设，建立稀缺资源保护体系，不断把种植业结构优化升级推向深入。

3. 从种植业结构调整与生产效率的关系来看，众多学者一致认为种植业结构调整对农业增长具有促进作用，但是贡献大小研究结论有一定的区别

学术界对种植业增长的研究长期集中于要素贡献方面，通常采用农业劳动力、播种面积、农机总动力及化肥施用量（或物质消耗）作为投入指标对种植业产值进行分解，基本结论是物质投入对产出增长的贡献较大，土地和劳动力的贡献率较小（张风波，1987；朱希刚，1994；顾焕章、王培志，1994）。张红元（1996）的研究表明，改革以来，以化肥和农用动力代表的现代投入品对增长的贡献高于劳动力和土地为代表的传统投入品，农业正转向现代农业增长阶段，技术进步和现代投入品是未来增长的立足点。

从理论上说，在增长模型中可以分解出结构变量，而结构作为联系技术进步与经济增长的纽带，在经济增长中是不容忽视的。近几年由于研究方法的突破，对作物品种间的替代形成的结构变动对种植业的贡献问题引起了广泛关注。河南省农调队课题组（2000）测算了河南省不同时期的农业结构贡献与贡献率，计算原理是以种植业为参照，累积各时期加快发展部门与种植业产出增长速度的差额。估算结果为"六五"到"八五"期间，河南农业结构贡献率分别为 8.2%、10.8% 和 39.1%，1979~1998 年间的平均贡献率为 20.0% ，改革以来，结构贡献率逐渐提高，并远高于改革之前的各时期。这种方法反映了各业之间结构调整的效率，而没有考虑到各业内部结构调整对农业总体的贡献，因此，结论有低估的可能。不过，即使如此，也说明了结构变动对增长的贡献是惊人的。

与此同时，钟甫宁、朱晶（2000）估计了 1978 ~ 1987 年间农业与种植业的结构贡献。农业结构贡献为各业之间结构调整的贡献与各业内部结构调整的贡献之和，二者对农业总产值增长的贡献率分别为 33% 和 27%。与上一结论比较，各业之间调整的结构贡献高于前者，总贡献更是高出两倍。作者对此的解释是结构调整在优化资源配置的同时，强化了投入和技术的贡献，在测定投入与技术要素贡献时，难以估计的边际报酬变化造成的对要素贡献的低估综合反映在结构调整的贡献中。种植业结构贡献的测算是直接从种植业产值中分解出结构调整份额，把种植业产值增长分解为播种面积增长、单产增长和单位产品加权平均价值增长三个部分，单位产品加权平均价格随着播种面积变化和因单产增长不平衡导致产品结构发生变化而发生变化，据此代表了种植业结构调整的贡献。结论是改革以来 30 多年间，全国总体上种植业产值增长中有 41.2% 来源于结构调整的贡献。

随后，一些学者运用不同的方法对我国种植业结构调整对农业增长的贡献开展研究。杨礼胜（2004）以种植业为研究对象，运用因素分解方法对中国近 20 年来种植业的增长进行因素分解，测算种植业结构调整对种植业增长的贡献，以考察种植业结构调整的效果。研究得出农业科技人员的数量与农业科研经费投入对农业结构的优化和调整有显著的促进作用，对种植业而言，由于技术进步而导致单位面积产量的提高与价格的上升明显地促进了种植业结构的调整。然后作者通过建立经济计量模型，对技术创新在种植业结构调整中的作用进行实证分析，研究证明，农业结构战略性调整需要科技创新提供强有力的支撑，农业的发展和进步，必须依靠科技创新。

4. 从我国种植业调整的影响因素的研究来看，既有从地理区位、国家政策等宏观因素的探讨，又有从农户调整意愿等微观因素的研究

农业生产结构调整与地理区位密切相关。早在 1826 年，德国农业经济学家杜能（J. H. Von Thünen）在其著作《孤立国同农业和国民经济关系》中最早提出了农业区位论，杜能圈层理论提出考虑不同农产品的产品特性和运输费用差异，农业生产以城市为中心（即以市场为中心）呈环带状分布的理论化模式，易腐烂的、不易运输的蔬菜、水果主要分布在靠近城市的地区，而水稻、玉米、小麦等粮食作物和畜牧养殖则主要分布在离城市相对较远的地区（von Thünen，1966）。

综合过去的研究不难发现，交通基础设施的发展已成为当前影响农业生产结构调整的重要因素。有的研究结果表明，交通条件的改善，不仅促进了偏远地区农业生产结构调整，而且使得农业生产空间分布扩大（刘玉满，2002）。然而，新的农业区位论认为，任何农业模式都是多个因子综合作用的产物，在不同的历史条件下，不同的因子所起的作用也会随之发生变化（张文忠，1998）。随着市场设施和交通运输业的发展，生产地与消费地之间的经济距离和时间距离较之地理距离大为缩短，杜能的理论模型与现实存在的农业区位之间出现了差异，过分突出地理区位在农业生产中的作用显然是无法与现实相一致（叶长卫、李雪松，2002；马兰、张曦，2003）。

同时，有一些学者认为种植业结构优化升级面临着自然条件、农业科学技术进步及制度创新、国际贸易增长、国家相关政策、生产者组织化程度低、生产成本上升，以及开放条件下的市场激烈竞争等制约因素（李超、李晓明，2000；向青、黄季焜，2000；王为农、孙永朋，2008）。娄婧和王立莹（2006）通过建立二元线性回归模型，对1996年以来江苏和上海市的技术进步对种植业结构调整的影响进行了对比，最后得出技术创新对种植业结构调整具有促进作用的结论。

除此以外，还有学者从微观的视角对农户种植业结构调整的意愿及其影响因素进行了研究，邢安刚（2005）基于转变农户行为的角度认为种植业结构调整中农户行为的优化需要政府行为的优化，农户行为的优化有利于推动种植业结构的合理调整，政府、市场、企业、合作经济组织等方面的引导、带动是改变农户行为方式、促进种植业结构合理调整的助推器。董晓霞、乌云花（2008）通过对环北京地区140公里圈层以内（北京10个区县，河北25个县）50个村的490个农户进行随机调查分析，研究了该地区近年来农户种植业结构调整的意愿及其影响因素。结果表明，随着城市居民食品消费需求的变化，环北京地区农户种植业结构已经发生了相应的变化，选择种植蔬菜、水果和干果等高产值作物的农户越来越多。基于我国落后分散的小农经济基本国情和日益发达的交通运输条件，地理区位因素对农户种植业结构调整的影响逐渐减弱，而农户富裕程度、劳动力机会成本和国家相关政策在新的历史时期成为影响我国农户种植业结构调整选择的重要因素。

5. 从种植业结构调整的研究方法上来看，由理论分析向实证分析转变，由定性研究向定量研究转变

20 世纪 80 年代初，钱学森（1982）、张象枢（1982）从理论上阐明了系统工程在农业生产中运用的可行性和必要性。80 年代以后，于贵瑞（1991）将系统科学原理和方法应用于种植业生产系统的管理，提出了种植业生产系统分析和优化控制方法。张安录与何林（1995）用矩阵决策研究了红安县农作物的适宜性，为该县的农作物结构调整提供决策依据。

随后，部分学者探讨了物元模型在农业生产上的应用价值，并应用可拓学的理论和方法，建立了土地资源优化物元模型，并对具体地区的农林利用适宜性作了评价（张斌，1998；张光宇，1998；林潼，2002）。余德贵等（2001）、李昌新（2001）从农业、种植业的非线性特征出发，分别对农业产业化系统、全国种植业系统和江苏沿江高沙土地区种植业系统进行了结构优化决策。刘喜珍等（2001）用卫星遥感技术监测北京地区种植业结构调整中的方法和技术，证明了遥感和 GIS 等新兴信息、技术能为种植业构调整中的生产管理和监控提供可靠的农情信息。

同时，还有部分学者建立基于线性规划的农业种植业结构优化数学模型，计算得出各种作物的最优种植比例，并据此提出农业种植业结构优化方案（周小平，2002；苏艳华，2005；朱春江、唐德善，2006）。朱利群（2003）在分析了影响种植业生产的主要因素的基础上，按照比较优势原理，结合作物生产特点，构建了种植业生产比较优势评价体系，建立了区域农作物综合比较优势分析评价模型和区域种植业整体比较优势分析评价模型，并对江苏淮安市淮阴区种植业生产进行了分析评估，同时以发挥地方种植业生产整体比较优势为原则，运用灰色线动态线性规划方法对淮阴区种植业结构进行了优化，提出了该区种植业结构调整策略建议。

彭长生等（2006）运用方差分析方法得出粮食流通体制改革以来我国种植业生产结构发生了显著变化，变动的速度显著加快，地区间变动存在一定差别，东部地区变动的幅度与速度显著快于中、西部地区，西部地区快于中部地区。党耀国等（2006）采用灰色系统理论和线性回归相结合的方法，确定了我国第一产业内部产业结构调整线性规划模型的约束条件，建立了我国第一产业内部结构调整的线性规划数学模型，制定了我国"十一五"期间农业内部结构调整的方案；分析了我国农业内部结构调整的重点及调整对策。刘玉锁等（2006）应用系统动力学模型设计了种植业结构调整决策支持系统，以科学、理性地调整河北省种植业结构。在该系统中输入作物播种面积、产量、价格等相关数据后，就可以得到既定结构下的种植业总产值。谭卓等（2008）通过对湖南省主要种植作物作聚类分析和灰色关联分析，归纳出湖南省种植结构三元分布的特点，继而运用列联分析法，得出湖南省种植产业结构自 2002 年来未发生根本性变化的结论。通过逐步多元线性回归，总结出科技投入、劳动力资源和农业机械总动力为增加经济作物单位产量的关键因素。

2.1.3　国内外研究评述

我国种植业结构变动、效率变化与影响因素问题历来是备受国内外学术界关注的焦点之一，特别是迈入 21 世纪，在中国城乡收入差距扩大与农村发展缓慢的严峻不利局势下，国内外学者对这方面做出了大量的研究，这也深刻地折射出世界对中国"三农"问题的殷切关注。

在研究内容与结果方面，大多数研究关注我国农业或种植业的结构变动的动因、趋势和特征[①]，研究视角涉及宏观（从制度、社会条件来看农业结构，也就是从农业的所有制、农场或农户的数和规模、农场的组织方式、农业技术水平、农产品的市场等来研究农业结构）与微观（从农产品角度，分为各种产品的数量变化以及品种、质量等方面的内容）（郭翔宇、刘宏曼，2005）。研究结果显示，综合世界各国农业结构变动的演变历程来看，这些国家的经验较好地刻画和验证了发展经济学家产业结构变化的描述和预期，即农业占国民产业的产值份额随着经济发展将不断下降，当人均国民收入水平进一步提高时，劳动力从农业向工业、商业与服务业转移。在历史的长河中中国农业与种植业结构变化，也经历着上述相同的变化，然而又存在着与世界其他国家不完全相同的地方，主要表现为小农经济长时间占据着中国经济社会发展历程。

在农业结构调整与优化的进程中，仅仅考察结构变动的演变规律是不够的，还需要对结构调整的方向、措施与政策分析等方面给予经济理论依据与说明。鉴于对农业结构调整的理论需要，激发了国内外对农业结构的

---

① 叶兴庆. 新一轮结构调整 [J]. 中国农村经济, 1999 (11).

研究视角越发多样化，如生产效率、比较优势理论、资源配置、非均衡理论、效用理论、农业产业化理论、区域经济学理论与农业可持续发展理论等，基于上述不同视角的农业结构研究，对国家或地区的农业结构调整和优化提供了具有针对性的建议与参考。

在研究方法上，大多数国内研究局限于定性分析和讨论，仅有少部分学者应用了计量经济学模型和经济模型推导等方法，另外，国内农业结构变动的数据多数来源于国家或地方统计年鉴，详细的农户调研数据缺失，这也导致我国的农业结构相关的研究无法深入到微观层面，这也解释了我国在农业生产者行为方面的实证研究不多的现象。因此，在研究方法和数据采集方面需要有新的突破，以提高研究成果的准确性、可信性、科学性和简洁性（陆文聪，2005）。

从现有的研究来看，尽管对国家农业结构调整背景下种植业结构变动的相关研究很多，但是定量地测算种植业结构变动所引致的配置效率与生产效率变动的研究则有限，这两方面的效率研究可以衡量与评价历年江苏种植业结构变动的效果。如果不对这两个问题进行具体的有针对性的回答，必然会产生种植业结构调整中的盲目调整而导致的效率缺失问题，也必然会降低政府有关调整和优化种植业结构政策的有效性，同时，也难以使得广大现有的农业生产者与经营者对于优化种植业结构和降低投入成本有一个很好的预期。而本书以种植业大省江苏为例，通过具体的实证分析，全面细致地研究在农业结构调整与优化大背景下，江苏是如何组织与安排种植业结构调整与优化，并对这一系列的措施进行相关的论证和解释说明。应该说，本书的研究方法是科学的，所用的数据资料也是准确与翔实的，在此基础上的对策建议也是合理与有效的。

2.2　相关理论基础

2.2.1　比较优势理论

英国经济学家亚当·斯密（Adam Smith）在其著作《国富论》中提出绝对优势理论，他认为国际贸易能够使贸易双方的产出增加，从而产生贸易利益。国际分工的基础是各国间相同产业劳动生产率的差异。通过国际分工提高各国资源使用效率，增加贸易双方的财富。

大卫·李嘉图（David Ricardo）补充并完善了绝对优势理论，建立了比较优势理论。他在代表作《政治经济学及赋税原理》中认为，国际贸易的基础是生产技术的相对差别（而非绝对差别），以及由此产生的相对成本的差别。每个国家都应根据"相对优势"的原则，集中生产并出口其具有"比较优势"的产品，进口其具有"比较劣势"的产品。比较优势贸易理论认为如果一个国家在本国生产一种产品的机会成本低于在其他国家生产该种产品的机会成本，则这个国家在生产该种产品上就拥有比较优势。

大卫·李嘉图的比较优势理论弥补了绝对优势学说的理论缺陷，但其本身也存在着一些不足：一是该理论解释了劳动生产率的差异如何引起国际贸易，但没有进一步解释造成各国劳动生产率差异的原因。二是认定各国将以比较优势原则进行完全的专业化生产的见解，与现实不符；现实中，各国大都会生产某些进口商品的替代产品，而避免完全专业化生产。

20世纪初，赫克歇尔和俄林（Heckscher – Ohlin）从生产要素比例的差别而不是生产技术的差别出发，解释了生产成本和商品价格的不同，以此说明比较优势的产生。这个解释克服了亚当·斯密和大卫·李嘉图贸易模型中的局限性，认为资本、土地以及其他生产要素与劳动力一起都在生产中起重要作用并影响劳动生产率和生产成本；不同的商品生产需要不同的生产要素配置，而各国生产要素的储备比例和资源禀赋不同，正是这种生产资源配置或要素禀赋上的差别才是国际贸易的基础。

20世纪80年代，保罗·克鲁格曼（Paul R. Krugman）和埃尔赫南·赫尔普曼（Elhanan Helpman）引入规模经济来分析比较优势，发展了一个基于自由进入和平均成本定价的垄断竞争模型，将产品多样性的数目视为由规模报酬和市场规模之间的相互作用内生所决定。90年代，梯伯特进一步总结并集中论述了递增性内部规模收益（increasing internal returns to scale）作为比较优势的源泉。但多勒尔（Dollar）等学者却认为规模经济并不能充分解释比较优势，他们认为，以规模经济来解释比较优势主要是针对现代具有相似要素禀赋的发达国家之间日益增加的产业内贸易，规模经济只能部分解释这些国家中的专业化，而技术差异才是对这些国家专业化程度日益深化的合理解释。

保罗·克鲁格曼和埃尔赫南·赫尔普曼从研究与开发的角度推进了比较优势理论。他们发展了一个产品创新与国际贸易的多国动态一般均衡模型，据此来研究通过研发产生的比较优势和世界贸易的跨期演进。他们的动态分析不仅推进了比较优势的动态分析，而且方法也有较大创新。他们的模型很明确地处理了对私人投资研发的激励和研发活动的资源要求。

杨小凯和博兰从专业化和分工的角度拓展了对内生比较优势的分析。他们认为，内生比较优势会随着分工水平的提高而提高。他们在一个交易成本和分工演进相互作用的理论框架中分析内生比较优势，这就将专业化和分工置于分析的核心。

2.2.2　产业结构变动理论

从经济学发展史来看，产业结构变革规律和趋向一直是经济研究视野中重要的内容之一（陆文聪，2005）。一个国家或地区经济结构的形成与发展是相当复杂的，是多种因素共同作用的结果，涉及自然、经济、历史、政治以及文化等多方面的因素。因此在不同的发展背景和不同的历史时期里，一个国家和地区的经济结构具有不同的表现形态和内容，呈现出较大的差异性。然而经济学家通过对不同国家和地区的经济结构变动的研究发现存在其一致性或一般规律，即在经济发展过程中，非农产业部门不断增长与扩张，其中制造业和服务业的比重不断上升，而农业部门的净产值和劳动力比重则持续下降，最终导致农业部门在国民经济发展过程中的份额不断减少。

这种经济结构变动的一般规律发现与论述，可追溯到 17 世纪。1672 年威廉·配第在《政治算术》一书中指出，英国船员的收入是农民收入的 3 倍，并经过仔细地论证得出"工业比农业收入多，商业比工业收入多"的结论。配第发现，随着经济不断发展，产业中心将逐渐由有形财产的生产转向无形的服务生产。当工业的收益远远超过农业时，劳动力必然由农业向工业转移，当商业的收益又远远超过工业时，劳动力会再由工业向商业转移，这就会形成劳动力从第一产业向第二、三产业转移的趋势。后来学者将配第这一发现称为配第定理，它揭示了结构演变与经济发展的基本方向。

配第之后，许多古典经济学家对产业结构理论进行补充与论述，但是产业结构理论形成和发展却晚到 20 世纪 30 年代以后。1940 年，克林·克拉克（Colin Clark）出版《经济进步的条件》一书，他通过对 40 多个国家和地区不同时期三次产业中劳动投入与产出资料的整理和比较，揭示人均国民收入水平和结构变动的内在联系，总结出劳动力在三次产业中的结构变化与人均国民收入的提高之间的统计规律。在威廉·配第的研究基础上，克拉克比较了不同的收入水平下，就业人口在三次产业中分布结构的变动趋势，认为劳动力在产业之间的转移变动是由经济发展中各产业间的收入出现相对差异所造成的。威廉·配第和克拉克的发现被后人合称为配第—克拉克定理，这一定理表示随着经济的发展和人均国民收入水平的提高，劳动力首先由第一产业向第二产业转移，当人均国民收入水平进一步提高时，劳动力便向第三产业转移。西蒙·库兹涅茨在 1941 年出版《国民收入及其构成》一书，他通过对大量史料的统计研究，阐述了国民收入与产业结构之间的关系，认为产业结构和劳动力的部门结构将随着经济增长而不断发生变化，劳动收入在国民收入中所占的比重将趋于上升，财产收入的比重趋于下降，而政府消费在国民生产总值中比重趋于上升，个人消费比重趋于下降。

在 20 世纪五六十年代，产业结构理论得到了快速发展，除了上述列昂惕夫、克拉克与库兹涅茨之外，罗斯托、刘易斯与钱纳里等人对产业结构理论的发展作出了重大贡献。这期间库兹涅茨相继出版了《现代经济增长》与《各国经济增长》等著作，在这些著作中，库兹涅茨利用现代统计学，依据人均 GDP 份额基准，研究总产值变动和就业人口变动的规律。具体地讲，库兹涅茨对各国国民收入和劳动力在产业间分布结构的变化进行统计分析，得出产业结构演变规律，即著名的库兹涅茨法则。这一法则包括如下内容：（1）随着时间推移，农业部门收入和劳动力占整个经济收入和劳动力的比重不断下降；（2）工业部门收入在整个国民收入中的比重大体是上升的，工业部门劳动力在全部劳动力中所占比重则大体不变或略有上升；（3）服务部门劳动力在全部劳动力中的比重是上升的，其收入在国民收入中的比重大体不变或略有上升；（4）由不发达国家到发达国家，第一产业的比较劳动生产率基本呈下降趋势，而第二、三产业的比较劳动生产率则出现上升势头；（5）越是不发达的国家其国民经济越是多以农业为主。库兹涅茨法则详细地说明一国产业结构演变过程是一种阶段发展的有序过程，产业结构变动受到人均国民收入的影响，这揭示了产业结构变动的方向，从而进一步证明和补充了配第—克拉克定理。

作为二元结构理论创始人——W. 刘易斯于 1954 年在其论文《劳动力无限供给条件下的经济发展》中首次提出二元结构的问题，他认为发展中国家普遍存在着整个经济由弱小的现代资本主义部门和强大的传统农业部门所组成，发展中国家的经济是一种二元经济，其经济发展就是要扩大现代资本主义部门、缩小传统农业部门，一个经济体从二元经济向一元化的工业社会的过渡主要依赖于现代部门的扩张。因此，发展中国家应该通过扩张工业部门来吸收农业中的过剩劳动力来促进工业增长与发展，消除工农之间以及工农业内部的结构失衡，二元经济模式就是两部门间的劳动力转移的经济发展模式。钱纳里是继刘易斯之后另一位著名美国发展经济学家。他运用"世界发展模型"求出经济发展的"标准结构"，并以此对经济结构与经济发展的关系做出了总结。其结构转变的多国模型中，可以看出农业发展的基本内容就是农业"量"与"质"的转换，所谓"量"，是指农业在国民经济中的相对比重，"质"主要是指农业资源的现代技术含量，也就是农业资源的产出效率。农业发展的标志：①宏观经济结构中农业份额的下降；②伴随着农业份额下降，农业现代化程度提高，份额下降是现代化程度改善的前提，现代化程度改善是份额下降的要求乃至必然结果。在钱纳里的经济发展理论中，以农业结构转变为标志的经济发展过程，就是农业比重逐步下降和农业资源现代化技术含量及产出效率不断提高的过程。

2.2.3　资源配置理论

经济发展时刻面临着资源约束，如何妥善利用资源一直以来是经济学研究的核心问题。将资源从边际收益低的领域调整到边际收益高的领域，会提高单位资源产出率与增加经济效益，这就是资源优化配置的研究内容。概括地说，所谓资源配置，指相对稀缺资源在各种可能性的生产用途之间进行选择、安排与搭配，以获得最佳目标。

古典经济学首次提出资源配置的概念，推崇市场方式配置资源，并以亚当·斯密提出的"看不见的手"思想为核心。亚当·斯密在1759年出版的《道德情操论》一书中指出，在生活必需品的消费与分配中"被一只看不见的手所引导"，致使社会福利增进和人类繁荣。书中解释到"一只看不见的手，实行生活必需品的分配，就同地球上如果在其居民中按等级划分本来不会分配到的没有什么两样，这样既非出于有意，事前也不知道，就增进了社会利益，并且提供了物种繁殖的手段"，这里所说的"看不见的手"，就是市场机制的作用。到1776年，他出版《国民财富的性质和原因的研究》一书，对"看不见的手"——市场对稀缺资源配置的机理与作用进行了进一步论述，认为市场作为资源配置的动力机制，通过利益诱导实现对社会资源的配置，从而有利于资源配置效率的提高。

后来随着斯密所主张"自由放任"的经济政策失效，资源稀缺性的存在，使得人们陷入"资源有限而欲望无限"的矛盾境地，此时优化资源配置成为新古典经济学研究的核心议题。新古典经济学家们认为，只有在完全竞争的市场环境下才能实现社会资源的最优配置，为此，新古典经济学做出一系列假设："经济人"的人格假设、"理性选择"的行为假设和"市场完全性"的环境假设，同时假定消费者偏好、生产技术、生产函数与经济体制等作为外生既定变量，封闭地分析市场内变量之间的关系，力图证明"市场是一家精巧的机构，通过一系列价格和市场，它无意识地协调着们的经济活动"，从而实现对稀缺资源的有效配置。

在这一系列假设条件下，如何衡量资源配置是否处于最优状态的标准，这归功于意大利经济学家和社会学家帕累托（Pareto），他首先提出衡量资源配置是否处于最优状态的判断标准，这一标准在经济学中被称为"帕累托最优"，它是指任何一种状态的改变，只有使社会成员的福利增加，而不使任何一个人的福利减少的时候，社会福利才算真正增加；当社会经济已经处于这样一种状态时，其中任何人福利的增加都不会地造成他人福利的减少时，经济就达到了资源的最佳配置，社会福利就达到最大。与此同时，我们应该看到帕累托最优状态存在着两个缺陷：（1）没有谈及福利在社会成员中的分配问题；（2）其状态不是唯一的，甚至不一定是最好的情形。

帕累托最优状态的实现，要求社会成员任何个人利益的增加都不能以牺牲其他人的利益为代价，从而这种状态虽具有理论上的可行性，但在现实经济中却难以实现。由于现实社会中的变革（调整配置的方式或比例等）往往会使一部分人受益，同时就不可避免地会使另一部分人遭受损失。因而，卡尔多与希克斯根据现实中一部分人福利增加而另一部分人福利减少的状态，提出了"补偿原理"，又称"潜在帕累托最优状态"。这种状态的实现需要同时满足以下两个条件：（1）通过改变，得者可以补偿失者的损失，并仍觉有所改善；（2）不出现这种情况，即失者可以补偿得者，使其不愿做这种改变，而做出补偿的失者不觉得比改变后更坏。从实际操作来讲，政府可以通过对受益者征收特别税而对受损者支付补偿金的办法，使受损者保持原来的福利地位，如果补偿后还有剩余则说明整个社会的福利状况有所改善。同时应该关注到"潜在帕累托最优状态"自身存在着不可克服的内在矛盾，即补偿金额的确定及其对双方的效用评估。

　　由上述论述可见，传统的古典西方经济学在设计资源的市场配置模式时，把明确界定的产权、完备的信息和无摩擦的交易视若当然的暗含假设，因而认为资源配置总能达到帕累托最优，而现实世界里这三个条件都不可能同时得到满足。同样，在我国曾经长期实行的计划经济体制，也被实践证明是失败的，这主要是由于计划配置中由于决策者不可能对瞬息万变的社会供给与需求有充分、及时和客观的了解与把握，因而不可能对资源的流向、流速与流量进行有效的运作，加之决策者处理信息的个体素质差异等因素都可能影响资源配置效率。

　　迄今为止，世界各国实践与历史证明，能够大大减少交易成本，提高经济运行效率的最佳模式选择并非计划模式，而是市场模式。也就是说，市场配置资源能力优于计划配置，这也为我国种植业资源配置改革与发展提供了方向。

2.2.4　效率理论

　　在经济学中效率的主要含义有两种：（1）指效能或有效力；（2）指投入与产出之比，或成本与收益之比。人们从事经济生产活动的目的是为了满足自身需要，这种需要的满足是通过人力、财力与物力等资源要素的投入来实现的，同时这种从投入到产出的过程是在一定的资源约束、技术限制的条件下实现的。因此，在经济活动中，效率可以被描述为在一定技术水平下，通过有限投入来尽可能地满足人们需要的程度。可见，强调效率的前提在于资源的稀缺性，资源稀缺性的广泛存在使资源配置问题成为经济学研究的核心，而效率作为对资源配置状态的描述自然也就成为经济学关注的焦点，并且随着经济学理论不断发展对效率的认识与理解也处于不断深化和完善的过程之中。

　　古典经济学中对效率理论阐述蕴含于分工理论之中。根据古典经济学观点，社会分工的结果是产生专门从事不同生产的企业，企业内部也建立起分工协作的有机体系以保证企业内部效率。经济学鼻祖亚当·斯密曾指出："劳动生产力最大的增进，以及运用劳动时间所表现出的更大的熟练、技巧和判断力，似乎都是分工的结果"，由此采用一定程度分工和专业化生产方式能通过提高生产的熟练程度、节约劳动时间与生产资料、降低管理的复杂程度、推动技术进步等方式，直接或间接地提高企业效率。而且，在斯密前后有许多经济学家，如威廉·配第（1690）、李嘉图

(1817)、雷（Rae，1834）、查尔斯巴比奇（Charles Babbage，1835）与阿马斯沃克（Amass Wallker，1874）等，都通过不同角度理解和认识到"分工增进效率"的思想。虽然古典经济学的分工和企业效率理论缺乏严谨的数理框架的支撑，但不可否认，古典经济学的分工思想所构成的分工理论之中蕴含着效率来源的理论，它合理地解释了效率的来源与产生机理。

新古典经济学继承了亚当·斯密关于竞争均衡实现社会资源最优配置的古典主义经济思想，认为完全竞争市场可以实现社会福利的最大化，即实现社会配置效率最优。同时新古典经济学家却忽视和抛弃了生产过程中的效率思想，认为配置效率等同于经济效率，将效率狭隘地理解为配置效率。新古典经济学认为企业的生产函数是既定的，只要企业按照生产函数组织生产，就能够获得最大的内部效率，此时企业生产过程与生产结构等都对内部效率不产生影响。可以说，新古典经济学关注的是企业的外部效率，研究如何实现市场机制的效率最优，是市场配置效率，即经济学界广泛使用的"帕累托效率"。

对于一个具有帕累托效率的经济而言，它必须满足交换的最优条件、生产的最优条件和生产与交换的最优条件这三方面要求。（1）交换的最优条件指在有许多消费者和商品时，当商品分配使得任意两种商品的边际替代率对所有消费者都相等，即当两种商品的边际替代率等于两种商品的价格比，用公式表示为 $MRS_{XY}^{A} = \dfrac{P_X}{P_Y} = MRS_{XY}^{B}$，表示商品（X 与 Y）的配置是有效率的；（2）生产的最优条件是指在有两种以上产品和两个以上生产者的生产中，当任意两种要素的边际技术替代率对所有生产者都相同时，即当生产者使用两种生产要素的边际技术替代率等于两种要素的价格比时，用公式表示为 $MRTS_{LK}^{C} = \dfrac{P_L}{P_K} = MRTS_{LK}^{D}$，说明了要素（L 与 K）的配置才是有效率的，也就是经济处于生产可能性曲线上；（3）生产与交换的最优条件即产品组合的效率，是指在完全竞争市场的前提下，当任意两种产品的边际替代率等于它们的边际转换率，用公式表示为 $MRS_{XY} = \dfrac{P_X}{P_Y} = MRT_{XY}$。当上述三个边际条件均得到满足时，此时整个经济达到了帕累托最优状态。正如樊纲在《市场机制与经济效率》一书中所述，当满足上述条件时，"改变社会生产结构，已不再能使社会福利有所提高；这时的社会生产结构，就是与消费需求结构相适应的最优结构"。

在当代经济学应用中，效率常作为用于评价经济活动和经济制度有效程度的指标。一般来说，效率通常被理解为是生产效率的简称，有时也称为经济效率，被认为是投入与产出或成本与收益之间的对比关系，是在考虑价格因素情况下的最低成本组合，它要求投入价格与产出价格的比率等于生产边界斜率。法雷尔（Farrell）最早将效率分解为技术效率和配置效率两部分，技术效率是指在一定投入水平下产出最大化或者给定产出水平下投入最小化，是把企业劳动生产效率和资本生产效率加以综合的效率指标，它能够较好地反映出企业的经营效率水平。技术效率是一个较为纯粹的物质概念，主要关注投入要素是否得到最有效率的利用，不关注投入要素成本的高低，因此在进行经济效率研究时还要考虑到配置效率。而配置效率是指在一定价格水平下实现投入产出最优组合的能力，反映是成本和收益之间的经济关系，因为在既定技术水平下生产出既定产品或服务的投入要素组合是多种多样的，但不同投入要素组合的成本各不相同，配置效率关注的是既定收益下成本最小。因此，使用具有技术效率且成本最低的投入要素组合方式进行生产，才是具有经济效率或生产效率的。由此可见，经济效率是技术效率和配置效率的统一体。

随着效率研究的深入，出现对技术效率进一步细分，将其分解为纯技术效率和规模效率，规模效率是衡量受评企业是否处于最佳规模状态，经济学意义上的最佳规模是指企业在平均成本曲线最低点生产时的规模水平，规模效率表示与规模有效点相比企业规模经济性的发挥程度。一般来说，规模有效的企业，处于规模报酬不变状态，而规模无效率的企业处于规模报酬递增或递减的经营状态。另外，纯技术效率是指剔除规模因素影响的企业效率水平，纯技术效率主要取决于企业决策层的管理水平和资源运用能力[①]。

从上述理论出发，若将种植业看作一门产业，对它的效率研究则可以理解为对生产效率的探讨，它的主体可以是国家或地区，可以是农业企业或组织，也可以是农业家庭，这样的效率就可以特指一个经济、行业、企业或家庭在既定条件下达到成本最小化或收益最大化。在种植业结构调整背景下，利用效率理论研究我国种植业经济效率，不仅可以分析现阶段下种植业现状和发展趋势，从而摸清种植业的优势、劣势及其影响因素，而且也为政策制定者的决策提供方向与参考。

---

① 吕秀萍. 中国保险业效率研究 [D]. 天津财经大学博士论文，2007：22.

2.3 相关理论在种植业结构变动中的运用

种植业结构变动研究中，离不开相关经济理论的支撑与指导。

目前江苏省正处经济发展增速与调整阶段，伴随着国民经济与人均收入的不断上升，农业部门收入和劳动力占整个经济的收入和劳动力的比重不断下降，地区产业重心也正经历由农业向第二、三产业转移。虽然农业比重逐步下降，但是农业资源现代化技术含量及产出效率不断提高，农业结构转变步伐加快。作为农业结构中核心的种植业，同样经历传统粮食作物与经济作物的种植面积份额不断下降、单产水平不断提高与作物耕作的现代技术不断深化的发展过程。将种植业结构演变放置到农业与国民产业的背景中，可以深层次地理解这种结构变迁的方向与内在机制，更好地把握种植业结构变动的演变规律。

在江苏省种植业结构变动过程中，增加农民种植的经济效益一直是结构调整优化的核心宗旨。然而现阶段，农民面临农产品卖难与增收缓慢的难题，农产品卖难或收购价格过低，会直接导致农民蒙受经济损失，减少农民收入。所谓"丰年歉收"与"谷贱伤农"的现象，正是这种农产品的产销脱节，造成农产品价格的大幅波动，进而影响农民收入。更进一步，农产品价格大幅波动势必也影响农业产业发展，还会波及农村社会的稳定。① 因此，应用农产品的短期与长期均衡理论，从供求均衡角度来分析农产品的价格波动原因并给出避免价格大幅波动的合理对策，是农产品市场调节的有力工具，也是提高种植业结构调整效果的有力保障。从江苏种植业实践来看，在稳定农产品价格和完善产销体系过程中，逐步增强农产品市场监测预警，预防与制止社会游资对农产品进行人为投机炒作，利用农产品供需平衡关系，调节与指导农民生产，同时抓好产销对接工作，减少流通环节，优化农产品流通，建立农产品现代物流业。这一系列调控措施，可以较好地稳定农产品市场供给与需求的均衡，避免农产品价格的大幅波动，保持农产品价格基本稳定。

随着本书研究的深入，发现传统种植业向现代化转变进程中，效率提升难度不断加大。从前面效率理论可知，效率蕴含在分工理论中，社会分

① 冯健冰. 浅析农产品价格大幅波动成因和对策 [J]. 广西农学报，2012 (4)：90 - 92.

工产生专门从事不同生产的企业、组织与产业，而其内部也建立起分工协作的有机体系以保证内部效率的实现。按照上述理论，种植业内部在分工协作的基础上应该也可以实现效率提升，然而现实情况却是"目前世界上大多数发展中国家的农业总体上仍然处于传统农业阶段"，[①] 即使经济发达的江苏省，传统种植业向现代种植业转变过程中，效率提升也是十分困难的。因此利用效率理论来测算目前江苏种植业的效率现状，并探讨提升效率的有效途径与方法，使用效率理论更好地指导现实中种植业结构变动与调整，就成为一个重要的现实议题。

种植业效率研究的另一个重要问题便是如何有效地配置种植业资源，尤其是种植业赖以生存的基础——土地资源的合理配置。现阶段江苏省工业与服务业扩张，城镇人口增加而使建成区面积不断扩大，经济社会发展导致各类建设项目对土地的需求与占用不断增加。有学者指出就江苏省而言，耕地资源显得稀缺而珍贵，并且人地矛盾已成为制约江苏省经济发展的一个重要因素。[②] 在这种土地资源持续减少的不利条件下，为达到预期种植业调整目标，必须根据资源配置理论，合理地配置土地资源，改进原有低效率的耕地资源配置关系、比例与模式，以获得最佳的经济效益。

种植业结构变动与调整是一个系统工程，它涉及多方主体的利益，在科学正确的理论基础指导下，有序地引导、调整与优化种植业结构变动，使得种植业朝着促进农业与农村发展和增加农民收入的目标稳步前进。

---

① 钟甫宁主编. 农业经济学（第五版）. 中国农业出版社，2011：185.

② 叶忱，黄贤金. 江苏经济发展及人口增长与耕地资源动态变化研究 [J]. 华中农业大学学报（社会科学版），2000（2）：1-4.

第 **3** 章

江苏省种植业结构变动的
历史沿革和现状分析

3.1 种植业结构的研究界定

在我国资料与统计年鉴中，一直将农业经济结构组成分为农、林、牧、副、渔五个方面，这种传统五业结构分类中的农业被称为"小农业"，就是指种植业。种植业结构是在遵循自然规律和经济规律的基础上，将有关农业自然资源和社会经济资源作为种植业生产要素进行组合所形成的各种作物生产系统的配比关系。

不同学科对种植业结构的理解是不尽相同的，如从作物栽培学的角度来看，种植业结构是一个行政区域或一个种植生产单位乃至一个农户所经营的作物种什么、种多少、种哪里和怎么种的问题。而从耕作学角度来看种植业结构，也称为种植体系或种植制度，主要由作物布局、复种多熟、间作套种和轮作连作四个方面组成，这是整个耕作制度的中心环节。这两种表述方法只不过是不同学科对同一问题的看法角度不同，其实质内容是相通的。另外，我们通俗意义上讲种植业，主要包括栽培种植的大田作物、蔬菜、果树、草坪与观赏作物等五个方面，但是后两者种植面积较少并且资料数据有限，一般研究中均不加以研究。从我国前三大类作物种植面积比例来看，1978 年为 92.4%，2000 年为 94.4%，到 2010 年达到96.2%，由于这两方面的原因，种植业常被狭义地定义为大田作物、蔬菜和果树类作物组成。

自 1979 年以来，随着我国畜牧业扩张的拉动，饲料作物种植规模开始扩大，这种变化影响到种植业发展。从世界畜牧业发展历程来看，由于畜牧业能够比种植业创造出更多的经济产值，目前发达国家的畜牧业和种植业的比重几乎各占一半，但畜牧业的发展与种植业息息相关。因此，发达国家种植业中牧草和饲料作物均占较大的比重。近年来，发展中国家畜牧业逐渐被重视，畜牧业在农业中比重不断上升，这促进与带动玉米与大麦等饲料作物生产，粮食作物与经济作物的二元结构将逐步转变为粮食、经济作物与饲料作物的三元结构。[①]

现阶段我国虽然饲料作物总体规模不大，但饲料作物的快速发展，将成为我国种植业结构调整的一个基本方向。这种三元结构的发展趋势，是根据农业资源状况、经济发展基本规律和人们消费结构变化的需要，从种植业发展全局出发，在确保粮食生产发展、统筹兼顾粮食作物和经济作物生产发展的前提下，把饲料作物从粮食作物和经济作物中分离出来，专门安排包括饲用粮食作物和饲料作物等在内的饲料生产，形成粮食作物、经济作物和饲料作物协调发展的种植业格局。

然而，在对种植业的相关研究中，对饲料作物的分析只是定性地说明解释，这主要是由于目前我国农业统计资料上对具体的饲料作物的统计数据不齐全，饲料作物的品种界定模糊，所谓饲料作物产量的大部分来源还是传统粮食作物与经济作物中分流出去的，并没有形成真正意义上的饲料作物品种、种植面积、成本、产量和价格等数据，这些因素导致定量分析中忽略掉饲料作物。

另外，前面简要介绍我国种植业的三大组成——大田作物、蔬菜和果树，虽然蔬菜和果树的种植面积和经济产值逐年增长，但是对于本书定量地研究蔬菜与瓜果类作物却面临种类繁多，详细的统计数据获取不全的尴尬局面，不得不舍弃现阶段种植业发展过程中快速增长的这两大类作物品种。

因此，本书研究主体界定为表 3 - 1 中的粮食作物与经济作物，其中粮食作物包括稻谷、小麦、玉米和大豆，经济作物包括花生、油菜籽与棉花。选取这七种农作物作为本书分析的原因，是上述七种农作物在江苏省播种面积和产量占江苏省农作物份额的 80% 以上，具有分析的代表性，同时 1991～2010 年作物播种面积、产量和价格数据齐全，可以很好地运用于模型估计与统计分析。

---

① 　郭翔宇，刘宏曼. 比较优势与农业结构优化 [M]. 中国农业出版社，2005：124.

表 3 - 1 种植业结构

粮食作物	谷物	稻谷、小麦、玉米、高粱、谷子
	豆类	大豆、杂豆
	薯类	马铃薯
经济作物	油料作物	花生、油菜籽、芝麻、胡麻籽、向日葵
	棉花	
	麻类	黄红麻、苎麻、大麻、亚麻
	糖料	甘蔗、甜菜
	烟叶	烤烟
	药材	
其他农作物	蔬菜	西红柿、黄瓜、茄子、菜椒、圆白菜、大白菜、菜花、萝卜、豆角
	瓜果类	西瓜、甜瓜、苹果、柑橘、梨、香蕉、菠萝、红枣、柿子
	青饲料	

注：表中数据整理自《中国农村统计年鉴》。

3.2 江苏省种植业结构变动的历史沿革

江苏是农业大省，素有江南"鱼米之乡"之美誉，这里有丰富的自然资源和优越的自然条件，科教实力强劲，种植业发达，农业生产总量及粮食、棉花、油料等主要农产品产量在全国占有重要地位，农业现代化也处于相对领先位置。据资料统计，江苏省用占全国 1% 的土地、4.7% 的耕地，生产出了占全国 7% 的粮食、11.8% 的棉花和 7.1% 的油料。2010 年，江苏省粮食产量达到 3235.10 万吨，列全国第 4 位，占全国的 5.92%；棉花产量 26.08 万吨，列全国第 7 位，占全国的 4.38%；油料产量 151.97 万吨，列全国第 6 位，占全国的 4.71%。

3.2.1 江苏省种植业在农业结构中的演变过程

伴随着我国解放战争的胜利与新政权的建立，国家政治与经济社会趋于稳定，工农业生产和国民经济逐步得到恢复，尤其是改革开放以来，在市场需求变化拉动和生产能力提高的双重推动作用下，江苏省农业结构发生明显变化。通过历年农林牧副渔产业占农业总产值比值，可以观察到江苏种植业在农业产出份额中的变化趋势（见表 3 - 2）。

表 3 - 2　　　　　　江苏省农业总产值构成及比例

年份	农林牧渔业总产值（亿元）	种植业比重（%）	林业比重（%）	牧业比重（%）	渔业比重（%）	农林牧渔服务业比重（%）
1949	22.59	85.92	0	13.37	0.71	0
1952	31.87	82.02	0.09	15.69	2.2	0
1978	105.87	80.45	1.4	15.85	2.3	0
1980	138.45	76.55	1.4	19.25	2.8	0
1985	288.55	69.95	1.6	23.06	5.38	0
1990	580.53	62.44	1.37	27.7	8.5	0
1991	580.93	61.01	1.3	28.97	8.72	0
1992	673.82	61.04	1.47	28	9.49	0
1993	875.37	59.24	1.67	27.05	12.04	0
1994	1335.23	58.26	1.38	29.26	11.1	0
1995	1686.78	58.46	1.27	28.2	12.07	0
1996	1693.76	62.72	1.39	21.76	14.13	0
1997	1816.37	59.75	1.24	23.7	15.3	0
1998	1849.2	59.32	1.31	23.55	15.83	0
1999	1837.43	59.6	1.42	22.53	16.45	0
2000	1869.73	58.62	1.61	23.03	16.74	0
2001	1956.1	58.42	1.57	22.93	17.08	0
2002	2011.48	57.94	1.8	22.67	17.58	0
2003	1952.2	50.26	1.61	23.51	19.03	5.58
2004	2417.63	51.39	1.66	23.31	18.59	5.05
2005	2576.98	50.1	1.76	23.25	19.86	5.03
2006	2718.61	52.12	2	20.03	19.99	5.87
2007	3064.72	50.33	1.92	22.98	18.89	5.87
2008	3590.64	48.65	1.81	25.52	18.54	5.48
2009	3816.02	51.05	1.86	22.9	18.85	5.34
2010	4297.14	52.82	1.82	21.49	18.74	5.14

注：2003 年之后，江苏省农林牧渔业总产值中包含了农林牧渔服务业统计数据。

资料来源：根据历年《江苏统计年鉴》计算。

在江苏省农业构成中，1949～2010 年农业总产值增长迅速，但种植业仍一枝独秀，虽然种植业产值比例从 1949 年的 85.92%，下降到 2010 年的 52.82%，种植业在农业产值中比重呈现下降，但这一比例仍然占农业总产值的半壁江山。从表 3 - 2 可以看出，1949～1978 年近 30 年间，江苏省种植业总产值占农业总产值 80% 以上，种植业比重下降了 5.47%，平均每年下降 0.19%，种植业比重下降幅度缓慢，并且占据农业的主导地位。相比前一时期，改革开放以来江苏省种植业比重下降幅度呈现加快趋势。1978～2010 年间，种植业产值比重下降了 27.63%，平均每年下降 0.86%，即改革开放以来江苏省种植业产值结构份额平均降幅是改革开放前的 4.5 倍。与种植业产值比重下降相反，江苏省林业、畜牧业和渔业产值比重呈现缓慢上升趋势。从 20 世纪 80 年代开始，包含着技术进步、膳食习惯、城乡生活条件改变、物质文明和精神文明进步在内的社会需求变化，是促进我国农业结构调整的主要原因。

1978 年江苏省畜牧业和渔业产值比重分别为 15.85% 和 2.3%，经过 30 多年的发展和调整，2010 年两者比重分别达到 21.49% 和 18.94%，总产值分别达到 923.25 亿和 805.25 亿元，平均每年增长 0.18% 和 0.52%，其中渔业产值占农业总产值的比重增长明显。渔业的快速增长，源于江苏省沿江靠海、湖泊众多等的优越自然条件和技术优势，并且不断深化渔业体制改革，进行有益探索，因地制宜地推进渔业适度规模化、产业化与区域化经营，对全国渔业生产形成了较强的辐射效应，渔业的经济产值稳步增加，提高了当地水产养殖的农户收入水平，很好地促进了农民增收。

从 2003 年开始，江苏省农林牧渔服务业产值在整个农业产值比重稳定在 5%～6% 之间，这预示着农业的专业化服务开始引起社会的重视，也是农业走向现代化的一个重要标志。出于分工的优势，农业生产环节专项服务和农业设施维护与管理等从传统农户自给自足的"全包"式农业分离出去，不仅提高了农业服务、管理的科学性、与经济性，而且更加有利于农业产业化与现代化，各司其职，各尽其能。

江苏省林业、畜牧业、渔业和农业服务业的稳步发展，不仅拓宽农村与农民的增收途径，促进农村产业多样化与拓展农民就业渠道，同时农业不同构成之间的关联性加大，例如种植业可为畜牧业与渔业提供一部分产品作为饲料来源，专业型的农业服务业在种植业、林业、畜牧业与渔业中的作用贡献在不断增强，农民与农业生产对科技服务的需求与信任度不断增加。由此可见，种植业发展离不开整个农业的发展，农业内部各结构的稳步发展对种植业有着重要的推动作用。

3.2.2　江苏省种植业结构的内部演变过程

在江苏省农业结构不断变动的现实背景下，作为农业结构中最重要组成部分的种植业也不可避免地出现变化，通过历年各种农作物播种面积占种植业总播种面积比重（见表 3 - 3），可以清晰地了解和观察到江苏省种植业生产结构的变化趋势。

表 3 - 3　　　　　　江苏省种植业种植面积比例变动态势（%）

年份	粮食作物	经济作物	蔬菜和瓜果	其他作物
1978	73.53	10.55	1.27	14.65
1980	73.83	11.6	1.39	13.17
1985	75.16	15.22	4	5.61
1990	77.04	14.39	4.83	3.74
1991	76.66	14.86	4.92	3.57
1992	75.06	16.4	5.22	3.32
1993	75.07	14.23	6.76	3.94
1994	73.12	15.59	7.67	3.62
1995	72.77	16.04	8.06	3.13
1996	74.27	14.31	8.64	2.78
1997	75.24	13.34	8.57	2.85
1998	73.79	13.2	10.14	2.87
1999	72.64	12.54	12.03	2.78
2000	66.76	15.46	14.6	3.18
2001	62.83	17.33	16.81	3.03
2002	62.62	16.1	18.45	2.83
2003	60.66	17.12	19.38	2.84
2004	62.26	17.69	17.54	2.51
2005	64.25	16.19	17.26	2.29
2006	69.2	13.64	15.13	2.02
2007	70.41	11.83	15.76	2
2008	70.13	11.77	16.24	1.86
2009	69.75	11.41	16.96	1.88
2010	69.33	10.82	17.94	1.9

1. 粮食作物比重变化不显著，呈现微量的下降态势

江苏省粮食作物在农作物总播种面积中所占份额是绝对优势的，其所占比例虽由 1978 年的 73.53%，下降到 2010 年的 69.33%，其中 1990 年所占份额最高，达到 77.04%，2003 年所占份额最低，仅为 60.33%，但其面积份额一直保持在60%以上，并从面积份额均值来看，1978～2010年江苏省粮食作物播种面积比重均值为71.98%。从图3-1可以看出，1978～1999年间，粮食作物种植面积所占份额基本稳定在72%左右，随后1999～2003年间出现小幅度地下降态势，在连续四年粮食产量下降并威胁到粮食生产安全时，国家立即出台和实施种粮直补政策，有效地遏止粮食产量下降势头，积极地刺激了农民的种粮热情与增收信心，从2004年开始，江苏省粮食作物种植面积所占份额又出现逐步回升，并出现连续七年的增长。

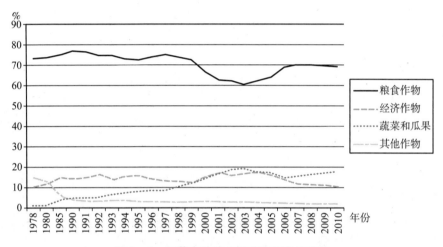

图3-1　江苏省种植业播种面积变化趋势

本书附录表4是我国改革开放以来主要年份以播种面积衡量的种植业生产结构的变化态势，对比全国种植业变动情形，发现全国粮食作物面积比重呈持续下降态势，而江苏省粮食作物面积比重下降趋势并不明显。1978～2010年间，全国粮食作物面积比重下降了11.92个百分点，平均每年下降0.36个百分点，而江苏省粮食作物面积比重仅下降了4.2个百分点（见表3-4），平均每年下降0.13个百分点，粮食作物种植面积的降速低于全国平均水平，这与江苏省粮食作物产量大省和东部人口大省的现实情况相一致。

支撑全国粮食作物面积比重下降的最主要原因是粮食亩产水平提高。改革开放以来，我国粮食亩产保持了较快的增长速度，显著地提高粮食综合生产能力，从而使在粮食作物播种面积比重加速减小的情况下，粮食总产量不断迈上新台阶，为整个农业结构的调整和优化奠定了坚实基础。江苏省粮食种植面积变动幅度较小，主要原因取决于江苏省在我国特有的自然条件与地域特性。江苏省人多地少，到 2009 年按乡村人口计算的人均占有耕地面积仅为 941.84 平方米①，折合为 1.41 亩，若以江苏省总人口计算，则人均耕地面积要远小于该数值。由此可知，江苏省每年粮食需求数量巨大，稳定粮食生产和有效市场供给，是种植业的首要任务，这也解释历年来江苏省粮食种植面积波动较小的原因。

表 3 - 4　　　　　　江苏省粮食作物种植面积比例变动（%）

年份	小麦	稻谷	玉米	大豆	其他
1978	22.39	42.17	7.05	5.47	22.92
1980	24.95	43.94	6.34	3.88	20.89
1985	33.74	37.79	10.25	4.94	13.27
1990	37.71	38.57	7.25	3.85	12.63
1991	38.13	37.91	6.87	2.87	14.22
1992	38.28	39.59	6.81	3.11	12.2
1993	37.84	37.79	7.83	4.49	12.05
1994	36.78	37.72	7.98	4.44	13.08
1995	37.36	39.1	8.03	3.5	12.01
1996	37.71	39.74	7.96	3.05	11.53
1997	39.06	39.66	7.32	3.63	10.33
1998	38.93	39.85	7.96	3.71	9.54
1999	38.63	41.15	7.79	3.61	8.81
2000	36.85	41.54	7.98	4.7	8.93
2001	35.05	41.14	8.8	5	10.02
2002	35.14	40.59	8.94	4.99	10.34
2003	34.78	39.51	9.7	5.19	10.83
2004	33.54	44.25	8.15	4.53	9.53
2005	34.31	45	7.54	4.38	8.77
2006	37.42	43.36	7.4	4.17	7.65
2007	39.1	42.72	7.5	4.27	6.41
2008	39.36	42.39	7.57	4.42	6.27
2009	39.41	42.36	7.58	4.42	6.23
2010	39.62	42.29	7.64	4.3	6.14

①　江苏统计年鉴 2011.

从江苏省粮食作物内部农作物来看，自 1990 年开始，小麦与稻谷种植面积比例维持长达 20 多年的稳定，合计份额高达 80%，特别是"十一五"时期小麦种植面积出现小幅度上升，而稻谷也稳定在 42% 的水平上。对于大田栽培类作物而言，农业机械普及与机械化程度提高，不仅节约农村劳动投入，也维持了较高亩产量。玉米与大豆种植面积份额呈现震荡上升，两者合计比例不高，仅达到 12% 左右。可以预见在粮食作物中，江苏省小麦与稻谷的绝对优势地位仍将持续。

2. 经济作物比重呈现下降态势

在整个样本期内，江苏省经济作物在农作物总播种面积中所占份额呈现小幅度的震荡趋势，其中"十五"时期经济作物面积比例达到最高峰的 17%，随后从 2006 年开始，这一比例则出现持续下降，到 2010 年已经跌到 10.82%，创改革开放以来江苏省经济作物种植面积比例的历史最低点。这一现象主要是归因于棉花种植面积的持续萎缩，在江苏省种植业从业人数的下降和大量农业剩余劳动力转移的背景下，劳动密集型的棉花种植而言，目前尚无合适、有效的专业机械替代，同时农村雇工等费用上升，这两方面原因直接导致现阶段江苏农民棉花种植意愿下降与生产成本上升，从而整体上降低经济作物的种植面积比例。

江苏省经济作物内部，结构主体出现由棉花生产向油料作物生产转变的趋势。如表 3-5 与图 3-2 所示，两者交替增减变化趋势显著，同时两者合计比例也呈现加大趋势，占有绝对优势。从时间上看，江苏省经济作物的播种面积中，棉花所占比例由 1978 年的 65.13% 下降到 2010 年的 28.58%，下降了 36.55 个百分点，平均每年下降 1.11 个百分点，而同期油料作物则由 24.5% 上升到 68.32%，增加 43.82 个百分点，平均每年增加 1.33 个百分点。在经济作物种植面积结构中，棉花和油料作物总共所占比例由 1978 年的 89.63% 增加到 2010 年的 96.9%，反映出江苏省棉花和油料作物在经济作物种植面积中份额随时间变化而增强，从图 3-2 可以明显看出，棉花和油料作物所占份额呈现出反方向的变动。

表 3-5　　　　江苏省经济作物播种面积结构变化趋势 （%）

年份	油料作物	棉花	其他
1978	24.5	65.13	10.37
1980	26.47	65.93	7.59

续表

年份	油料作物	棉花	其他
1985	44.27	45.46	10.27
1990	46.24	48.14	5.62
1991	48.71	45.79	5.5
1992	43.78	49.87	6.35
1993	51.05	45.27	3.68
1994	54.09	43.61	2.3
1995	53.54	44.52	1.93
1996	54.9	42.92	2.19
1997	55.61	41.27	3.12
1998	57.4	39.14	3.46
1999	69.16	26.03	4.8
2000	71.53	24.05	4.42
2001	67.62	28.5	3.88
2002	71.04	24.81	4.15
2003	68.24	28.09	3.67
2004	66.96	30.19	2.84
2005	67.47	29.76	2.77
2006	65.12	32.79	2.09
2007	60.49	37.31	2.2
2008	62.91	34	3.09
2009	67.49	29.27	3.24
2010	68.32	28.58	3.11

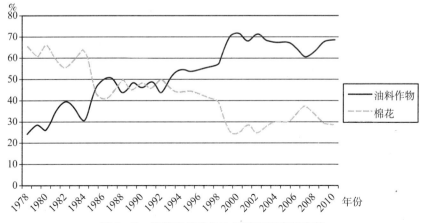

图 3 - 2　江苏省经济作物播种面积变化态势

3. 蔬菜和瓜果类比重呈现明显上升态势

本书在对种植业研究范围的界定中，由于蔬菜与瓜果类作物种类繁多，主要面临价格数据获取不完全这一原因而在种植业中舍弃蔬菜与瓜果类作物，但是江苏省蔬菜与瓜果类作物种植面积数据可以得到，这就从另一侧面更好地了解与把握粮食作物与经济作物的变动趋势。

自 1978 年以来，我国蔬菜和瓜果类作物生产规模不断扩大，种植方式、技术手段和科技投入不断革新，经济效益进一步凸显，其在种植业内部结构中的重要性不断提升，从本书附录表 4 可以看出，江苏省蔬菜和瓜果类作物的发展情况，与全国保持了同样的变动趋势。蔬菜和瓜果类作物的种植面积在农作物总播种面积中所占的比重由 1978 年的 1.27% 上升到 2010 年的 17.94%，增加了 16.67 个百分点。2010 年，江苏省蔬菜和瓜果类种植面积已发展到 2050.95 万亩，其中蔬菜和瓜果类种植面积分别为 1844.7 万亩和 206.25 万亩，整体比 1978 年扩大了 1887.8 万亩，年均增长 59 万亩。同样具有劳动密集产业性质的水果生产也以较快速度扩张，1978 ~ 2010 年江苏省果园面积扩大了 5.96 倍，由 1978 年的 32.15 千公顷增加到 2010 年的 191.51 千公顷，平均每年增加 4.98 千公顷（见表 3－6）。

总体来说，江苏省种植业结构变动主线是：（1）粮食作物播种面积占种植业种植面积的绝对优势，所占份额变化不明显，仅呈现较小幅度的下降趋势，而且粮食作物内部小麦与稻谷种植面积比例常年高达 80%，玉米与大豆表现出震荡趋势，但两者合计的比例也维持在 12% 左右，这四种农作物的稳定变动就造成了粮食作物整体的相对稳定性；（2）经济作物面积比重表现震荡起伏走势，种植面积份额在"十五"期间达到最高，之后持续下降，2010 年达到历史最低点，下一步应积极鼓励与扩大经济作物种植面积，防止经济作物种植面积比例的进一步下滑；（3）蔬菜和瓜果类种植面积和占种植业比重均上升较明显，增速较快，保持了强劲的发展势头。除此三大类作物之外的其他作物种植面积比重则持续减少。

表 3－6　　江苏省蔬菜和瓜果类作物种植面积（千公顷）

年份	蔬菜	瓜果类
1978	91.47	17.3
1980	96.44	18.47
1985	276.59	66.04

年份	蔬菜	瓜果类
1990	356.35	42.96
1991	352.7	45.05
1992	375.15	55.01
1993	468.77	73.99
1994	535.48	67.42
1995	567.87	69.45
1996	612.42	71.73
1997	619.3	63.26
1998	733.84	83.57
1999	869.82	95.3
2000	1056.01	104.02
2001	1180.23	127.25
2002	1290.8	147.82
2003	1341.72	146.68
2004	1217.45	127.88
2005	1194.36	124.78
2006	991.8	125.57
2007	1042.38	125.23
2008	1093.4	126.3
2009	1147.6	134.6
2010	1229.8	137.5

资料来源：历年《中国农村统计年鉴》与《中国农业统计资料》。

3.3　江苏省种植业结构变动的现状描述

江苏省是我国经济较为发达的地区，农业尤其是种植业的生产水平在全国名列前茅。在目前市场经济条件下，如何利用现有的经济条件和生产优势，更好更快地向市场农业及"高产稳产、高效优质、生产良性循环发展"的农业发展，正是我们迫切需要研究的问题。

江苏种植业结构经过若干年的调整，现在正逐步向适应市场农业方向发展，广大农民和政府部门的质量意识、品种意识、效益意识与市场意识正在逐步增强，农业生产结构调整步伐开始加快。主要特点是：

3.3.1　粮食品种结构随着市场的波动向多样化与优质化方向发展

在夏粮结构中，稳定小麦生产，大麦种植面积逐年减少，作为小品种农作物的蚕豌豆，由于用途广、需求量大、成本低与经济效益较高等特点，种植面积已连续两年增加，2010 年达到 9.36 万公顷，产量达到 22.1万吨。秋粮结构中，江苏省稻谷播种面积和亩产水平连续四年增长，稻谷播种面积由 2004 年的 211.29 万公顷增加到 2010 年的 223.42 万公顷，单位产量也从 7919 公斤/公顷增长到 8092 公斤/公顷，产量由 1673.2 万吨增长到 1807.8 万吨，其中中稻播种面积和总产量保持了连续七年增长，种植面积占稻谷总种植面积的 77.4%，产量占稻谷总产量的 76.8%，另外，适宜在淮河以南地区和江苏太湖流域生长的籼稻，种植面积和产量多年来一般稳定在 35 万公顷和 250 万吨的水平。

由于人们生活水平提高、饮食合理调配、饲料加工、副食品加工和国家种植业布局的调整优化等因素的影响，江苏省薯类、玉米和大豆等杂粮的种植面积出现不同变动（见图 3-3）。其中薯类种植面积和产量自 2000年以来，连续 10 年减少，由 2000 年的 15.83 万公顷和 94.19 万吨下降到2010 年的 6.13 万公顷和 39.47 万吨，种植面积和产量减小幅度分别达

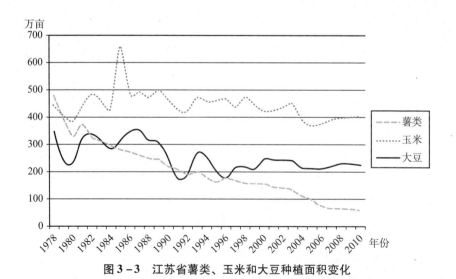

图 3-3　江苏省薯类、玉米和大豆种植面积变化

61.3% 和 58.1% ；与薯类作物相反，江苏省玉米种植面积和总产量自
2005 年以来出现连续小幅度增长，从 2005 年的 37.02 万公顷和 174.8
万吨增加到 2010 年的 40.37 万公顷和 218.5 万吨；近 10 年来，大豆种
植面积维持在 23 万公顷，虽然大豆种植面积由最初的 1978 年的 34.54
万公顷缩减到 2010 年的 22.69 万公顷，但由于大豆作物品种改良，单
位面积产量由 1978 年的 1.05 吨/公顷增加到 2010 年的 2.64 吨/公顷，
使得大豆产量并没有因为种植面积的减少而减产，反而由 1978 年的
36.28 万吨增加到 2010 年的 59.83 万吨，种植面积减少了 34.3% ，产
量增加了 64.9% 。

3.3.2 经济作物因价格杠杆作用导致面积与产出水平变化明显

在油菜种植方面，双低油菜良种覆盖率大幅度提高，江苏省油菜生
产迈上了新台阶，油菜种植面积、亩产和总产在 2004 年达到 1034 万
亩、162 公斤和 167 万吨的历史最高记录，2001～2004 年油菜种植面积
连续四年保持在 1000 万亩以上，同期花生种植和产量也在 2001 年达到
历史最高，实现种植面积、亩产和总产为 345.3 万亩、243.5 公斤和
84.09 万吨。

2001～2004 年江苏省油料作物的丰产并没有带来农民收入的增加，油
菜籽和花生的收购价格分别维持在 5.5 元/公斤和 2.3 元/公斤的水平。图
3-4 显示，从 2005 年开始，江苏省油菜和花生的播种面积曲线出现一致
地下行，到 2007 年油菜籽产量下降到 109 万吨和 33 万吨，油料作物减
产，推动油菜籽和花生收购价格和食用油价格不断攀升，2008 年油菜籽和
花生的收购价格分别达到 10.12 元/公斤和 4.54 元/公斤，对比 2001～
2004 年价格水平增长约一倍。

2008～2009 年，江苏省油菜和花生种植面积稳步回升，农产品收购价
格回落。纵观 2001～2010 年，江苏省油料作物种植面积和产量，与价格
呈现出明显的相关性。如何充分利用价格杠杆作用调节种植业结构调整和
优化，切实稳定与提高农民实际收入，是研究江苏省种植业发展的核心
问题。

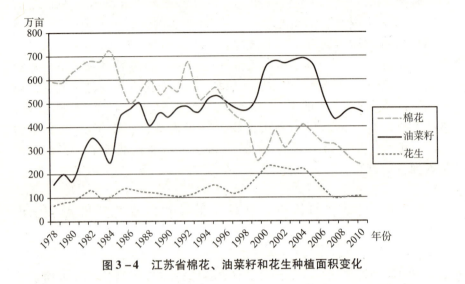

图 3 - 4　江苏省棉花、油菜籽和花生种植面积变化

　　江苏省是我国重要商品棉基地，并且形成了沿海、淮北和里下河三大优势区，棉花单产提高、结构优化，20 世纪 90 年代江苏棉花单产比全国平均水平高 10.3%，抗虫棉种植面积占江苏省的 95% 以上，高品质棉覆盖率达 25%，高品质棉建成江苏纺织企业高档棉纺品的原料基地。但无法回避的是，棉花单位产量低于其他农作物且经济效益不显著，农民改种油料作物或其他作物的意向明显。这些原因造成江苏省棉花种植面积自 2004 年以来连续 6 年减产，截至 2010 年减产面积达到 260.91 万亩，种植面积仅占江苏经济作物的 28.6%，棉花作为江苏经济作物的主导地位已经丧失。

3.3.3　周转和见效期快、生长期短并且获利明显的作物增加明显

　　蔬菜类和瓜果类，由于生产周期短、效益明显，同时又具备可立体种植、轮作次数多与市场需要量大等特点和优势，自改革开放以来已经逐步被地方政府和农民所青睐。2010 年江苏省蔬菜种植面积连续 5 年增长（见图 3 - 5），达到 1844.7 万亩，比上年增加近 123.3 万亩，实现产量 4234 万吨，另外，瓜果类种植面积 206.25 万亩，增加 4.35 万亩，产量达到 501.54 万吨。

　　江苏省蔬菜和瓜果类在快速发展的同时，区域特色逐步显现。蔬菜产业初步形成淮北设施蔬菜、沿海根茎类和瓜类蔬菜、环太湖和里下河水生蔬菜、城郊叶菜和丘陵山区特色蔬菜五大菜区；水果初步形成了以丰县为中心的淮北优质苹果产区，以环太湖地区为主的水蜜桃、枇杷等名优水果产区，以丘陵山区和城市郊区为重点的高档应时鲜果产区。

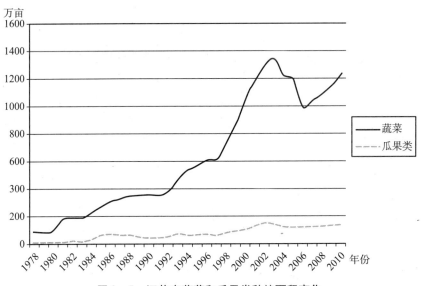

图 3 - 5　江苏省蔬菜和瓜果类种植面积变化

　　另一个明显的变化是江苏省蔬菜和瓜果类种植品种结构不断优化。30多年来，瓜果类品种结构得到不断优化，不断选育推广具有自主知识产权的优良新品种 300 多个，引进示范推广国内外优良新品种 450 多个，如红富士苹果、巨峰葡萄、太湖药菜、如皋萝卜、沛县山药等；一批野生蔬菜品种也得到开发利用，走上市民餐桌，如南京芦蒿、菊花脑、马兰头、枸杞头，苏州的芡实、淮安的蒲菜等。通过设施栽培的推广、野生品种的家种、国外品种的引进，常规蔬菜等园艺产品的日供应种类由过去的 7 ~ 8个到现在的 30 ~ 40 个，供应量充足，反季节果菜、野菜和洋菜等走上寻常百姓的餐桌和果盘。

　　到 2010 年，蔬菜和瓜果产业发展成为江苏省第一大经济作物，成为农村经济发展中的主导产业。自 20 世纪 80 年代中期，江苏省开始建设出口蔬菜基地，扶持出口蔬菜加工企业，发展创汇蔬菜。经过二十多年的发展,尤其是近几年蔬菜出口保持每年以 20% 以上的增幅快速发展。1978
年蔬菜出口仅几十万美元,2002 年江苏省蔬菜出口创汇 1.01 亿美元,
2007 年达 4.78 亿美元,2010 年达 6.17 亿美元。

3.3.4 科技投入不断增加,为农业生产保驾护航

目前,江苏省农业正进入传统农业向现代化农业加速转型时期,种植
业面临良好的发展机遇。江苏省将以保持江苏口粮基本自给、确保城乡居
民吃上放心粮油食品、提高种植业生产效率、推动种植业可持续发展为目
标,逐步建立和完善种植业稳定发展长效机制。

江苏省切实落实和贯彻国家农业政策,坚持强化政策扶持,特别是
2004 年以来,出台了从"一降三补"到"一免四补"为核心的支持政策,
极大地调动了农民的种植积极性。在农业投入方面,1978 年后江苏省财政
投入农业的资金大幅度增加,2010 年江苏省用于农林水气事业费达
489.16 亿元,是改革初期 1978 年的 117.98 倍。从农村固定资产投向情况
来看,江苏省农村固定资产投入总额达到 5767.8 亿元,其中科学研究、
技术服务和地质勘查业投入为 24.4 亿元,水利、环境和公共设施管理业
投入为 312.5 亿元,两者均位居全国第一;交通运输、仓储和邮政业投入
达 170.2 亿元,教育投入为 28.9 亿元,各项投入的持续增加,是促进江
苏省农业结构的调整和优化,增加农民收入,建设和谐富裕的社会新农村
的保证。

在国家和地区大规模农业补贴和农机具补贴的政策支持下,不断为农
业(种植业)提供大量先进的各类农具、农业机械、运输工具和生产性建
设设施,从而改善和提高现有农业生产技术装备水平,提高劳动生产率,
降低成本提高投入产出比率。图 3-6 显示了江苏省 1989~2010 年的农业
现代化情况,机械播种和收获面积,1989 年两者分别为 9% 和 4%,2010
年分别增长达到 43% 和 63%,机耕面积和机械植保面积也由 1989 年的
43% 和 14% 分别增长到 2010 年的 73% 和 68%,江苏省种植业的机械化投
入,提高了劳动生产率,降低了劳动力成本,提高单位面积农产品产出水
平,促进江苏省种植业向现代化种植业过渡和发展。

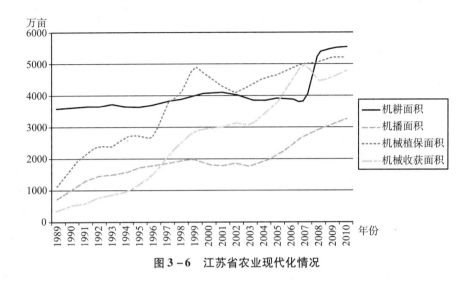

图 3 - 6 江苏省农业现代化情况

3.4 小 结

改革开放以来，江苏省积极稳步发展种植业，产业基础不断加强，综合生产能力不断提高，种植业结构不断调整优化，科技推动作用日益突出，在保障农产品市场供应、繁荣农村经济、拓展农民就业渠道与促进农民增收致富中发挥了重要作用，为整个国民经济的全面协调与可持续发展奠定了坚实基础。

（1）种植业结构演变过程逐步突显经济效益，结构不断得到调整与优化。从江苏省农作物种植面积来看，粮食作物比重占有绝对份额，呈现较小幅度的下降趋势；经济作物比重下降明显，尤其是"十一五"时期出现持续性下降，面积比重跌至改革开放后的历史最低点；蔬菜和瓜果类种植面积比重上升显著，增速较快，保持了强劲的发展势头。

（2）种植业综合生产能力全面提升。在江苏省基本农田和耕地面积逐年减少的不利条件下，稳定江苏省粮食生产和总产量，改善经济作物种植比例和经济产出，大力培育和发展蔬菜、瓜果种植，同时积极推进区域化种植，江苏省水稻生产由北向南形成五大优势区，小麦形成了优质弱筋、中筋、强筋三大优势带，棉花形成沿海、淮北和里下河三大优势区，油菜形成两个优势区，构建了"三区一带"的优势布局。同时，江苏省种植业保证产量的前提下，更加注重农产品质量。2007 年，江苏省优质稻与优质专用小麦种植面积分别达到 2600 万、2800 万亩，两者优质化率分别达75%、93%，粳稻质量指标在全国名列前茅，油菜基本实现了双低化，高品质棉种植比例达到35%。

（3）农业科技投入增加，成果显著，为江苏省种植业现代化发展提供技术保障和支撑。从有关数据来看，2010 年江苏省农作物良种覆盖率达95%，良种良法相配套，新型栽培技术不断运用于种植业各个部分，提高农作物产量，同时农作物主要病虫害得到有效控制，病虫损失率由 1978 年的15%下降到目前的 3% 以下，测土配方施肥累计应用面积达 5800 万亩。

第 **4** 章

种植业结构变动对产值
增长的贡献分析

上一章在种植业数据的基础上深入探讨江苏省种植业结构变动的演变过程，包括种植业在农业结构中的变动以及种植业内部粮食作物、经济作物与蔬菜瓜果类作物的变动情况，并分析江苏省历年结构调整过程中所形成的一些新的种植业现状。从结构演变趋势来看，目前种植业结构变动朝向于实现经济效益，而经济收益直接关系与影响到农民种植意向与经济收入，尤其在现阶段如何促进农民增收的现实意义下，衡量种植业结构变动对经济产值的影响就成为迫切需要。因此，研究种植业结构变动过程中对总产值的影响与贡献，具有重要的现实意义。

本章利用历年农作物投入与产出数据，采用因素分解模型分析江苏省种植业结构变动对产值增长的贡献程度，从而准确地掌握结构变动对种植业总产值增长的影响。

4.1 江苏省种植业产值增长趋势分析

2004 年中央一号文件《中共中央国务院关于促进农民增加收入若干政策的意见》中提出要继续推进农业结构调整，挖掘农业内部的增收潜力，之后 2005 年、2006 年和 2007 年连续三年的中央一号文件依然强调促进农业结构调整，优化农业结构。我国农业结构的调整与优化，其基本的归宿点是实现农民增收和农村经济发展。作为我国农业重要组成部分的种植业，调整种植业生产结构，提升种植业资源配置效率，促进种植业产量和经济效益的稳步增长，对我国整个农业的结构调整和农民增收起着举足轻重的作用，也是整个农业结构调整环节中十分重要的一项内容。

4.1.1 种植业经济产值的描述分析

江苏省种植业经济效益从 1990 年的 321.21 亿元增长到 2010 年的 2269.6 亿元，平均年增长 10.84%，保持了较高和稳定的增长速度，其中"八五"、"九五"、"十五"和"十一五"时期的种植业产值分别达到 2651.29 亿元、4410.52 亿元、5309.94 亿元和 8896.74 亿元，尤其从 2001 年开始，在蔬菜和园艺作物的经济产值大幅度拉动作用下，种植业经济产值出现了大幅度的攀升。

各分项作物在种植业产值构成份额中出现不同的变化，从表 4-1 来看，2001~2010 年间谷物、油料和棉花产值呈现小幅度地下降，而蔬菜园艺作物的产值上升较快，这四种农作物在种植业总产值中的比例由 2001 年的 35.9%、5.8%、4.11% 和 32.45% 分别变化到 2010 年的 32.44%、2.93%、3.56% 和 47.36%。可以预见，在谷物、油料与棉花作物缺乏更加先进技术支持的不利条件下，将不同程度地出现增长乏力或出现种植面积与产值份额萎缩现象，而相反以集约化经营、国内外市场需求旺盛的高效蔬菜与园艺类作物仍将保持较高较快的增长势头。

表 4-1 　　　　　江苏省种植业产值表（亿元）

年份	种植业产值	谷物	油料	棉花	蔬菜园艺	其他
2001	893.1	320.61	51.8	36.71	289.81	194.17
2002	902.12	291.74	47.65	37.3	326.23	199.2
2003	981.25	323.1	56.6	63.8	361	176.75
2004	1242.41	474.7	71.9	72.6	403.8	219.41
2005	1291.06	495	64.1	57.3	454.2	220.46
2006	1389.61	522.5	68.6	66.4	499.2	232.91
2007	1542.53	573.7	52.9	68.3	593.9	253.73
2008	1746.8	610.6	75.9	53.4	735.2	271.7
2009	1948.2	668.2	70.4	46.1	870.1	293.4
2010	2269.6	736.3	66.5	80.8	1074.9	311.1

注：1991~2000 年详细数据缺失。表中数据来源于《中国农村统计年鉴》2002~2011 年，所表示的产值为当年价格数据，另外最后一栏中"其他"表示糖料、烟草、水果、坚果、饮料和香料作物。

图 4-1 所示的是通过江苏省七种主要农作物产量与农产品收购价格

相乘,并加总得到种植业总产值,扣除价格因素之后种植业总产值出现剧烈的波动,但总产值偏离均值262.34亿元不明显,标准差仅为27.35,这说明传统种植业在1990年以后的20年间增长缓慢,年增长率仅有1.495%,传统种植业在满足粮食等基本需求之后剩余的经济效益并不高,传统的种植业基本上可以说是农业、农村和农民的"保底"产业,对农民增收的拉动效应不显著。

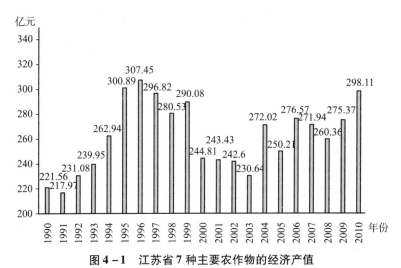

图4-1 江苏省7种主要农作物的经济产值

注:本图历年数据为1990年不变价格计算的数值,折算指数为农产品收购价格指数。其中7种农作物分别为小麦、稻谷、玉米、大豆、油菜籽、花生和棉花。

从种植业总产值来看,随着种植业结构调整和优化,配合市场化程度的不断加深,江苏省种植业经济效益仍将继续增长,并且将由以前单一的粮食作物和经济作物为主逐渐走向多元化。

4.1.2 江苏省种植业基础条件的分析

种植业经济效益的增长是需要基本条件保障,脱离种植业基本条件,只谈效益是不现实的。众所周知,种植业生产过程中需要多种不同的投入要素,这包含土地、种子、化肥、农药、灌溉、机械费用与劳动力雇工费用等,这一系列投入费用构成农民种植农作物的成本。如何降低成本而提高种植收入,是每位农民和农业研究者都需要关注的问题。

表 4 - 2　　　　　　　　　　　江苏省种植业基本情况

年份	年末实有耕地面积（千公顷）	有效灌溉面积（千公顷）	改造中低产田（千公顷）	联合收割机（台）	插秧机（台）
1990	4557.86	3970.92	209.08	2411	1505
1991	4549.97	3849.84	173.75	3583	2083
1992	4521.77	3856.59	192.01	5964	2364
1993	4495.66	3823.87	171.89	7279	2460
1994	4464	3825.06	104.73	8604	2530
1995	4448.31	3832.78	125.39	12063	2375
1996	5061.7	3837.78	147.87	20074	2235
1997	5055.67	3839.35	130.79	27656	2125
1998	5036.54	3855.44	166.95	33343	1915
1999	5024.22	3885.78	237.05	42266	1912
2000	5008.39	3900.85	234.12	48821	1735
2001	4974.12	3899.99	141.9	52025	1892
2002	4905.02	3886.04	104.94	56151	2693
2003	4858.34	3840.98	135.2	58740	5023
2004	4795.19	3839.02	144.57	61115	7608
2005	4780.37	3817.67	178.85	69569	14183
2006	4743	3837.72	194.53	77179	23576
2007	4730.48	3826.95	191.82	78501	33783
2008	4718.66	3817.1	—	85327	43400
2009	4688.06	3813.7	—	90979	53200
2010	—	3819.7	—	98511	65300

注：表格中"—"表示数据缺失。

数据来源：江苏农村改革发展 30 年．中国统计出版社，2008；另外，2008～2010 年相关数据来源于《中国农业统计资料》和《江苏统计年鉴》，年末实有耕地面积在 1996 年出现统计口径不一致，因为 1996 年及以后年份耕地面积为农业普查接轨数。

近些年来，国家和地方政府积极推行调整和优化种植业结构的计划，旨在提高种植业产出水平，促进农民增收等。这些政策的落脚点就是改善传统种植要素投入比例，提升种植业生产效率（如中低产田改造、兴修水利设施、完善农业灌溉条件、鼓励和补贴农民机械化投入、选育和推广优良品种与完善种植业风险管理制度等），进而增加农民收入并促进农业与农村发展。

农业机械的大量投入使用，虽增加机械使用费用，但节省直接的种植业劳动力投入并提高种植业劳动率。从 2010 年江苏省种植业机耕面积、机播面积、机械收割面积和机械植保面积来看，均出现明显上升趋势，分别达到 5537.78 千公顷、3259.80 千公顷、4790.5 千公顷和 5202.2 千公顷，分别占全年种植业总播种面积的 72.7%、42.78%、62.87% 和 68.28%。另外，从水稻插秧机和联合收割机的台数来看，自 2003 年国家和省市政府对农民购买农机实行补贴政策以来，购机数量出现井喷态势，两者年增长率分别达到 20.65% 和 20.38%，增长迅速。

农业耕地是种植业可持续发展的关键条件和保障，从表 4 - 2 来看，考虑到 1996 统计口径的变化，1990~1995 年与 1996~2009 年两个阶段，江苏省农业年末耕地面积都出现了一致的下降趋势，两个阶段年均下降 21.91 千公顷和 28.74 千公顷，并且后一时间段的减少幅度大于上一时间段，表现出下降增速、耕地面积锐减的态势。从目前学者对我国耕地面积的研究来说，耕地资源大量减少是我国近些年来的普遍现象，并非江苏一省特例，主要原因认为是经济发展与各类建设对土地资源的需求增加，导致对农业耕地的占用和侵蚀，同时通过土地复垦开发与整理的补充的耕地面积小于被占用的耕地面积，由此造成了耕地资源的净流失（郭贯成，2001；杨瑞珍，2005；周雁武等，2006；叶忱、黄贤金，2000；孙鹏，2011；赵敏宁，2012）。

江苏省城市化和工业化进程的快速发展，对土地资源需求也提出了较大的要求。以衡量城市化效果的地级市与县级市建成区面积来看，1990 年江苏省城市建成区面积仅 697 平方公里，而 2010 年已经发展到 3254.5 平方公里，若加上县级行政中心所在地与下属各城镇的建城区面积，合计的数值则要远大于该统计数据。非农用地需求（居住、交通建设、城市建设和人口增长）上升，以及补充的耕地面积增长缓慢，所带来的耕地资源供需矛盾仍将日益严重，耕地面积减少的趋势仍难以扭转，从表 4 - 3 可以看出，江苏省耕地资源年内减少面积和国家基建占地面积自 2000 年以后呈现扩大的迹象。

耕地资源的有效、科学与合理开发使用与基本保障，这需要加强土地整理、限制对土地（尤其是农业用地）的乱占滥用和严重浪费，调整土地利用结构，增加土地的有效供给。在农业耕地持续减少的约束下，对种植业结构调整提出新的要求，既要保证粮食安全和人均消费需求的满足，又要实现农民种植业收入水平增长，这需要传统粗放型的土地利用模式向集约型转变，提高单位面积产出率，同时积极恢复可耕作土地资源，耕地向规模经营集中，采取企业迁并关停、归并村落、修整农田、复垦废弃土地等各种有效的土地整理方法，提高耕地质量，增加耕地面积，改善农业生产环境，实现区域种植业和城镇土地资源的可持续发展利用。

表4-3　　　江苏省耕地面积组成部分及变动情况（千公顷）

年份	水田	旱田	年内减少面积	国家基建占地
1990	2804.13	1753.73	8.78	4.63
1991	2840.85	1709.12	11.15	4.8
1992	2836.81	1684.96	30.96	13.02
1993	2711.4	1784.26	28.83	8.71
1994	2658.08	1805.92	33.02	11.98
1995	2669.68	1778.63	23.69	11.74
1996	3065.6	1996.1	16.21	10.58
1997	3110.8	1944.87	16.58	9.41
1998	3138.96	1897.58	27.08	17.62
1999	3164.01	1860.21	18.26	10.26
2000	3145.97	1862.42	21.15	7.1
2001	3151.79	1822.33	39.87	16.66
2002	3098	1807.02	78.77	25.95
2003	3060.8	1797.54	66.31	25.71
2004	2980.6	1814.59	85.67	27.15
2005	2981.12	1799.25	32.67	16.18
2006	2957.81	1785.19	63.24	26.9
2007	2949.38	1781.1	28.4	15.44
2008	2942.01	1776.65	27.19	18.07
2009	2930.25	1757.81	54.13	28.06

资料来源：江苏统计年鉴2011。

　　保护和开发耕地面积主要的两项重要内容包含水利设施建设和中低产田改造。1990~2009年江苏省有效灌溉面积占总耕地面积的80%左右，2010年江苏省有效灌溉面积为3819.74千公顷，占总播种面积的50.13%，其中90.3%为机电灌溉面积，可见下一步工作任务是合理调度水资源，提高江苏省种植业的灌溉效率，完善水利设施及其配套设施，增加农田有效灌溉面积，实现洪涝时节及时排灌、干旱时及时补水，确保农业用水安全。另外一项改造中低产田，1990~2007年江苏省累计改造中低产田达到 2985.44 千公顷，改造完成的中低产田面积占 2007 年全年耕地面积的 63.11%，改造中低产田，提高单位土地的产出效益，并且也为规模化种植和农业机械技术化操作提供了必要保障。

总体来说，江苏省农业耕地面积持续减少的趋势没有得以扭转，农田水利化建设情况和农业机械化作业水平保持了较高并且稳定的增长势头，这为江苏省种植业经济效益的增长提供了较好的基础条件，同时各项农田基本建设也积极推动了江苏省种植业结构调整和优化，是实现江苏省高效、高产农业的有力保证。

4.2　种植业结构变动对产值增长的贡献理论模型

本书采用因素分解方法（周宏，2008），分析并测算结构变动对种植业增长的贡献程度，通过设计种植业总产值增长的指数体系，将能够反映种植业内部结构的指标纳入总产出增长的指标体系中，分析种植业产值变动的影响因素，进而分解出各因素变动对种植业产值增长的贡献程度。

用总产值（Value of Outputs，VO）代表种植业总产出，则总产出可以表示成单位面积产值与播种面积的乘积，种植业总产值可表示为种植业内部每种农作物单位面积产值与种植面积的乘积之和：

$$VO = \sum_{i=1}^{m} VY_i \cdot A_i \tag{4.1}$$

式（4.1）中，VO 表示种植业总产值，单位为万元；A_i 表示第 i 种农作物的种植面积，单位为千公顷；VY_i 表示第 i 种农作物的单位面积产值，单位为万元/千公顷。

种植业产值的增长量（ΔVO）表示为：

$$\begin{aligned}
\Delta VO &= \sum_{i=1}^{m} VY_i^t \cdot A_i^t - \sum_{i=1}^{m} VY_i^{t-1} \cdot A_i^{t-1} \\
&= \left(\sum_{i=1}^{m} VY_i^t \cdot A_i^t - \sum_{i=1}^{m} VY_i^{t-1} \cdot A_i^t \right) + \left(\sum_{i=1}^{m} VY_i^{t-1} \cdot A_i^t - \sum_{i=1}^{m} VY_i^{t-1} \cdot A_i^{t-1} \right) \\
&= \Delta VO_1 + \Delta VO_2
\end{aligned} \tag{4.2}$$

式（4.2）中，VY_i^t、VY_i^{t-1} 分别表示 t 年和 $t-1$ 年的第 i 种农作物的单位面积产值，A_i^t、A_i^{t-1} 分别表示 t 年和 $t-1$ 年的第 i 种农作物的种植面积，式中第一部分（ΔVO_1）为各种农作物的单位面积产值变动对种植业增长的贡献，即单位面积产值贡献；第二部分（ΔVO_2）为各种作物种植面积变动对种植业增长的贡献，即种植面积贡献。可以看出，种植业效益增长受到农产品单位面积产值和种植面积两个变量决定。

若设 v_{ij}、p_{ij} 和 a_{ij} 分别表示为第 i 种农作物在第 j 地区的单位面积产量、价格和播种面积，其单位分别表示为吨/千公顷、万元/吨和千公顷，则有 $y_{ij} = p_{ij} \times v_{ij}$ 可以表示为第 j 地区第 i 种农作物的单位面积产值，单位为万元/千公顷。因此，（4.2）式第一部分（ΔVO_1）中的第 i 种农作物的单位面积产值变化又可以表示为：

$$
VY_i^t - VY_i^{t-1} = \frac{\sum_{j=1}^{n} y_{ij}^t \times a_{ij}^t}{\sum_{j=1}^{n} a_{ij}^t} - \frac{\sum_{j=1}^{n} y_{ij}^{t-1} \times a_{ij}^{t-1}}{\sum_{j=1}^{n} a_{ij}^{t-1}}
$$

$$
= \left(\frac{\sum_{j=1}^{n} y_{ij}^t \times a_{ij}^t}{\sum_{j=1}^{n} a_{ij}^t} - \frac{\sum_{j=1}^{n} y_{ij}^{t-1} \times a_{ij}^t}{\sum_{j=1}^{n} a_{ij}^t} \right) + \left(\frac{\sum_{j=1}^{n} y_{ij}^{t-1} \times a_{ij}^t}{\sum_{j=1}^{n} a_{ij}^t} - \frac{\sum_{j=1}^{n} y_{ij}^{t-1} \times a_{ij}^{t-1}}{\sum_{j=1}^{n} a_{ij}^{t-1}} \right)
$$

$$
= \frac{\sum_{j=1}^{n} (v_{ij}^t \times p_{ij}^t - v_{ij}^t \times p_{ij}^{t-1}) \times a_{ij}^t}{\sum_{j=1}^{n} a_{ij}^t} + \frac{\sum_{j=1}^{n} (v_{ij}^t \times p_{ij}^{t-1} - v_{ij}^{t-1} \times p_{ij}^{t-1}) \times a_{ij}^t}{\sum_{j=1}^{n} a_{ij}^t}
$$

$$
+ \left(\frac{\sum_{j=1}^{n} y_{ij}^{t-1} \times a_{ij}^t}{\sum_{j=1}^{n} a_{ij}^t} - \frac{\sum_{j=1}^{n} y_{ij}^{t-1} \times a_{ij}^{t-1}}{\sum_{j=1}^{n} a_{ij}^{t-1}} \right) \tag{4.3}
$$

（4.3）式中第一部分表示为第 i 种农作物价格的变动对产值的影响，第二部分为第 i 种农作物单位面积产量的变动对产值的影响，第三部分反映了第 i 种农作物在不同地区的面积布局效应，由此（4.2）式中第一部分（ΔVO_1）可分解为：

$$
\Delta VO_1 = \sum_{i=1}^{m} \frac{\sum_{j=1}^{n} (v_{ij}^t \times p_{ij}^t - v_{ij}^t \times p_{ij}^{t-1}) \times a_{ij}^t}{\sum_{j=1}^{n} a_{ij}^t} \times A_i^t
$$

$$+ \sum_{i=1}^{m} \frac{\sum_{j=1}^{n} (v_{ij}^{t} \times p_{ij}^{t-1} - v_{ij}^{t-1} \times p_{ij}^{t-1}) \times a_{ij}^{t}}{\sum_{j=1}^{n} a_{ij}^{t}} \times A_{i}^{t}$$

$$+ \sum_{i=1}^{m} \left(\frac{\sum_{j=1}^{n} y_{ij}^{t-1} \times a_{ij}^{t}}{\sum_{j=1}^{n} a_{ij}^{t}} - \frac{\sum_{j=1}^{n} y_{ij}^{t-1} \times a_{ij}^{t-1}}{\sum_{j=1}^{n} a_{ij}^{t-1}} \right) \times A_{i}^{t}$$

$$= \Delta V_{1}^{p} + \Delta V_{1}^{v} + \Delta V_{1}^{a}$$

若令 $\lambda = \dfrac{\sum_{i=1}^{m} A_{i}^{t}}{\sum_{i=1}^{m} A_{i}^{t-1}}$ ，则（4.2）式中第二部分（ΔVO_{2}）可分解成：

$$\Delta VO_{2} = \sum_{i=1}^{m} A_{i}^{t-1} \times VY_{i}^{t-1} \times (\lambda - 1) + \sum_{i=1}^{m} (A_{i}^{t} - A_{i}^{t-1} \times \lambda) \times VY_{i}^{t-1}$$

$$= \Delta V_{2}^{A} + \Delta V_{2}^{S}$$

结合上述各式，种植业产值增长可以分解为下面五个方面的贡献：

$$\Delta VO = \Delta VO_{1} + \Delta VO_{2}$$

$$= (\Delta V_{1}^{p} + \Delta V_{1}^{v} + \Delta V_{1}^{a}) + (\Delta V_{2}^{A} + \Delta V_{2}^{S}) \qquad (4.4)$$

在（4.4）式中，ΔV_{1}^{p} 表示价格贡献（即各种农作物价格的变化对种植业总产值增长的贡献），ΔV_{1}^{v} 表示单位面积产量贡献（即单位面积产量变化对种植业总产值增长的贡献），ΔV_{1}^{a} 表示区域结构贡献（即某一种农作物在不同地区之间的布局变动对种植业总产值增长的贡献），ΔV_{2}^{A} 表示种植面积贡献（即总播种面积变化对种植业总产值增长的贡献），ΔV_{2}^{S} 表示种植结构贡献（即各种农作物种植面积变化对种植业总产值增长的贡献）。当 $j = 1$ 时，即只要一个样本地区（或不存在更加细分的地区种植业数据），有（4.4）式中的 $\Delta V_{1}^{a} = 0$，就表示种植业区域结构贡献不存在。

4.3　江苏省种植业结构变动对产值增长的实证

本章所用数据主要以农产品成本收益数据为主，数据来源于《全国农产品成本收益资料汇编》（2002～2011年）、《中国农村统计年鉴》（1991～2011年）和《江苏统计年鉴》（1991～2011年）。其中，粮食作物为稻谷、小麦、玉米和大豆，经济作物为棉花、花生和油菜籽，共7种农作物，这七种作物的播种面积和产量占江苏省农作物的80%以上，具有分析的代表性，其中主要具体指标涉及各种农作物的播种面积、产量、各种农作物的产值数据经过处理得到模型所需的数据，另外，由于涉及价格因素的影响，引进农产品收购价格指数作为计算约束，以1990年不变价格计算种植业产值。

依据四个"五年计划"的江苏省农本数据，利用结构变动对产值增长贡献模型，分别计算出"八五"、"九五"、"十五"与"十一五"时期种植业结构变动各因素变化对总产值变化的影响程度，计算结果详见表4-4~表4-7。

表4-4　　　　1991~1995年种植业总产值增长的贡献因素分析

作物	增长量（万元）	单位面积产值贡献（%）	单位面积产值贡献分解		面积贡献（%）	面积贡献分解	
			价格贡献	单位产量贡献		总播种面积贡献	种植结构贡献
小麦	177216.3	125.49	77.31	48.18	-25.49	-6.47	-19.02
稻谷	448880.2	109.62	79.7	29.92	-9.61	-5.15	-4.46
玉米	92130.6	91.88	72.95	18.93	8.12	-2.24	10.36
大豆	22045.2	77.63	20.61	57.02	22.37	-3.9	26.27
棉花	28030.8	64.26	88.88	-24.62	35.74	-31.73	67.47
油菜	30885.4	33.06	-8.89	41.95	66.94	-3.47	70.41
花生	30077.8	60.94	-11.87	72.81	39.07	-9.08	48.15
合计	829266.2	80.41	45.53	34.88	19.59	-8.86	28.45

近20年来，江苏省种植业总产值增长仅"九五"时期出现负增长，其中小麦、稻谷、玉米和棉花的产值负增长是导致种植业总产值负增长的主要因素，从本书附录表数据可以看出，2000年与1996年相比，上述4种农作物的播种面积、总产量与价格均出现较大幅度下降，其中价格下降对产值影响是显著的，这不仅减少农作物产值收益，也降低农民的种植意向，造成大宗农产品面积与产量减少。从表4-5可以发现，单位面积产值贡献与面积贡献对产值增长的贡献均为负向，其中面积对总产值贡献达到78.51%，种植结构贡献程度为70.84%，种植业结构不合理成为拉动总产值负增长的最大因素。

表 4-5　　　　　1996~2000 年种植业总产值增长的贡献因素分析

作物	增长量（万元）	单位面积产值贡献（%）	单位面积产值贡献分解		面积贡献（%）	面积贡献分解	
			价格贡献	单位产量贡献		总播种面积贡献	种植结构贡献
小麦	-269179	64.58	35.56	29.02	35.42	14.41	21.01
稻谷	-290327	71.06	81.22	-10.16	28.94	24.51	4.43
玉米	-16615	15.99	21.66	-5.67	84.01	42.25	41.76
大豆	25604.7	5.41	-37.42	42.83	94.6	-11.7	106.3
棉花	-172082.2	13.32	8.34	4.98	86.68	10.61	76.07
油菜	67183	19.24	3.29	15.95	80.77	-4.59	85.36
花生	29061.2	-39.12	-56.58	17.46	139.1	-21.82	160.94
合计	-626354.3	21.5	8.01	13.49	78.51	7.67	70.84

注：1996~2000 年种植业总产值为负增长，因此，各要素的贡献份额实际是对下降的贡献。

表 4-6　　　　　2001~2005 年种植业总产值增长的贡献因素分析

作物	增长量（万元）	单位面积产值贡献（%）	单位面积产值贡献分解		面积贡献（%）	面积贡献分解	
			价格贡献	单位产量贡献		总播种面积贡献	种植结构贡献
小麦	28688.2	127.75	41.39	86.36	-27.75	-3.12	-24.63
稻谷	161506.3	27.53	94.16	-66.63	72.48	-1.36	73.84
玉米	-65056.2	65.19	17.76	47.43	34.81	0.47	34.34
大豆	-21111.1	51.6	-9.8	61.4	48.4	0.75	47.65
棉花	-13042	28.83	-420.19	449.02	71.17	3.24	67.93
油菜	-32470	5.93	-31.85	37.78	94.07	0.72	93.35
花生	9193.3	156.21	-64.38	220.59	-56.21	-3.47	-52.74
合计	67708.5	66.15	-53.27	119.42	33.85	-0.4	34.25

　　"八五"、"十五"与"十一五"时期种植业总产值增长显著，从结构因素分解模型的结果来看，单位面积产值贡献一致地保持正向作用，其中单位产量均为正向贡献，说明农产品单产量提高作用不断突显，较好地归因于优质良种、管理技术、农技服务与机械投入等环节以保证江苏省农作物产出水平。另外，"十一五"时期面积贡献转为负值，暗示在江苏省快速城市化与工业化进程中，农业耕地面积流失加快，对种植业产生不利影响。

表 4 - 7 2006 ~ 2010 年种植业总产值增长的贡献因素分析

作物	增长量（万元）	单位面积产值贡献（%）	单位面积产值贡献分解		面积贡献（%）	面积贡献分解	
			价格贡献	单位产量贡献		总播种面积贡献	种植结构贡献
小麦	68847.6	10.31	-12.3	22.61	89.68	8.44	81.24
稻谷	92555.7	87.13	73.64	13.49	12.87	13.95	-1.08
玉米	21650.5	60.52	36.13	24.39	39.48	5.19	34.29
大豆	15879.8	72.02	48.19	23.83	27.98	3.81	24.17
棉花	15641.8	500.39	471.17	29.22	-400.39	12.4	-412.79
油菜	-9356.7	-103	-67.21	-35.79	203	-8.65	211.65
花生	10135.8	287.6	293.53	-5.93	-187.6	13.39	-200.99
合计	215354.5	130.71	120.45	10.26	-30.71	6.93	-37.64

4.4 江苏省种植业结构变动对总产值增长的相关结论

上一节通过产值增长贡献模型，测算江苏"八五"至"十一五"四个时期种植业结构变动对总产值增长的贡献程度，而本节将对这些结果进行分类与细致的描述说明，以更加细入的视角来探讨结构变动对产值增长的贡献。

4.4.1 种植业结构变动对总产值增长的总量分析

表4-8给出包含7种主要农作物的种植业总产值在四个时期的增长情况，而表4-9是对应于这四个阶段的因素分解结果。

"八五"期间，江苏种植业总产值增加829266.2万元，占整个研究阶段总增长的104.53%，年均增长率为8.39%。该时期种植业单位面积产值贡献程度为80.41%，这主要归结为价格增加（价格贡献达到45.53%），其次是单位面积产量提高（单产贡献为34.88%）；七种农作物种植面积贡献为19.59%，其中总播种面积减少，影响到总产值增长（贡献为-8.86），但是此时期种植结构变动（贡献为28.45）缓解总播种面积减少对种植业总产值增长的负面影响。由此可见，"八五"时期，江苏省种植业结构调整对种植业产值增长起到积极作用。

表 4 – 8　　　　　　1991～2010 年江苏省各时期种植业总产值增长情况

时期	增长量（万元）	占全时期增长量的比例（%）	年均增长率（%）
1991～1995	829266.2	104.53	8.39
1996～2000	−626354.3	111.68	−5.54
2001～2005	67708.5	125.5	0.69
2006～2010	215354.5	44.96	1.89

注：表中第二栏中增长量为每一个周期的末年与起始年份的总产值之差，而全时期增长量为一个周期内每一年的种植业总产值增长量之和。以 1991～1995 年为例，增长量表示为 $VO_{1995} - VO_{1991}$，而全时期增长量表示为 $\sum\limits_{1991}^{1995}(VO_t - VO_{t-1})$，其中 VO_t 表示为第 t 年的总产值。因此，全时期增长量的比例表示为 $\dfrac{(VO_{1995} - VO_{1991})}{\sum\limits_{1991}^{1995}(VO_t - VO_{t-1})}$。

表 4 – 9　　　　　1991～2010 年江苏省种植业总产值增长的贡献因素分析

时期	单位面积产值贡献（%）	单位面积产值贡献分解		面积贡献（%）	面积贡献分解	
		价格贡献	单位产量贡献		总播种面积贡献	种植结构贡献
1991～1995	80.41	45.53	34.88	19.59	−8.86	28.45
1996～2000	21.5	8.01	13.49	78.51	7.67	70.84
2001～2005	66.15	−53.27	119.42	33.85	−0.4	34.25
2006～2010	130.71	120.45	10.26	−30.71	6.93	−37.64

注：1996～2000 年种植业总产值为负增长，因此，各要素的贡献份额实际是对下降的贡献。

“九五”期间，江苏省种植业总产值下降 626354.3 万元，占整个研究阶段总增长量的 111.68%，年均增长率为 −5.54%。在这一时期种植业总产值增长中，平均单位面积产量贡献、农产品价格（1996～2000 年，仅花生一项农作物价格小幅度上涨，其他六项农作物价格均出现下降）和农作物种植面积贡献都促使种植业产值出现负增长，平均单位产值贡献为 21.5%，其中单位产量下降（贡献为 13.49%）和价格下降（贡献为 8.01%）是影响的主要原因；另外，种植面积贡献在很大程度上影响种植业产值下滑，其中种植结构不合理（贡献为 70.84%）更是影响的主要因素，再加上农作物种植面积减少（贡献为 7.67%），使“九五”期间种植业经济产值呈现负增长局面。由此可见，“九五”时期种植业结构调整对种植业增长起到负面作用。

“十五”期间，江苏省种植业总产值增加 67708.5 万元，占整个研究阶段总增长量的 125.5%，年均增长率为 0.69%。这一时期种植业增长中平均单位产值增加起到主要推动作用，体现在单位面积产量升高（贡献为 119.42%），而农产品价格则起到反向作用（贡献为 -53.27）；与此同时，种植面积增加在一定程度上推进种植业产值增加，其中种植业结构调整（贡献为 34.25%）是主要原因，而总播种面积的少量减少（贡献为 -0.4%）不会影响种植业增长的大趋势。由此可见，"十五"时期种植业结构调整对种植业增长起到积极作用。

"十一五"期间，江苏省种植业总产值继续保持"上一五年"增长势头，期间种植业总产值增长 215354.5 万元，占整个研究阶段总增长量的 44.96%，年均增长率达到 1.89%。这一阶段单位面积产值对种植业总产值增长起到了决定作用，主要体现在农产品价格上升（贡献为 120.45%）和单位产量增加（贡献为 10.26%）；另外，种植面积对总产值增长出现制约作用，在总播种面积小幅度增长的正向带动作用下（贡献程度为 6.93%），仍然不能扭转江苏种植结构带来的负向作用（贡献程度为 -37.64%）。由此可见，在种植面积和农产品价格有保证的前提下，如何调整种植业的种植结构成为促进种植业经济效益提升的关键因素。

4.4.2　粮食作物的结构变动对产值增长的贡献分析

表 4 - 10 是小麦、稻谷、玉米和大豆四种主要粮食作物在四个时期总产值增长和结构变动的情况，表 4 - 11 是对应的四个时期粮食作物产值增长的因素分解结果。

表 4 - 10　　　　1991～2010 年江苏省粮食作物总产值增长情况

时期	增长量 （万元）	占全时期增长量的 比例（%）	占同期种植业总产值增长量的 比例（%）	年均增长率 （%）
1991～1995	740272.3	93.31	89.27	9.82
1996～2000	-550516	98.16	87.89	-6.03
2001～2005	104027.2	192.81	153.64	1.33
2006～2010	198933.6	41.53	92.37	2.09

由表 4 - 10 可见，粮食作物在农作物中一直以来都起到举足轻重的作用。在"八五"、"十五"和"十一五"时期，江苏省粮食作物总产值增

长量分别为 740272.3 万元、104027.2 万元和 198933.6 万元，分别占种植业总产值增长量的 89.27%、153.64% 和 92.37%，并且年均增长率也分别达到 9.82%、1.33% 和 2.09%；相反，"九五"期间，粮食作物总产值减少 550516 万元，占种植业总产值减少量的 87.89%，年均增长速度为 -6.03%，这一段时间粮食作物的负增长，主要源于小麦、稻谷与玉米播种面积、产量和价格大幅度下降，对产值增长的负向拉动效应显著。

表 4 – 11　　　　1991 ~ 2010 年江苏省粮食作物总产值增长的贡献因素分析

时期	单位面积产值贡献（%）	单位面积产值贡献分解		面积贡献（%）	面积贡献分解	
		价格贡献	单位产量贡献		总播种面积贡献	种植结构贡献
1991 ~ 1995	101.16	62.64	38.51	-1.15	-4.44	3.29
1996 ~ 2000	39.26	25.26	14.01	60.74	17.37	43.38
2001 ~ 2005	68.02	35.88	32.14	31.99	-0.82	32.8
2006 ~ 2010	57.5	36.42	21.08	42.5	7.85	34.66

注：1996 ~ 2000 年粮食作物总产值为负增长，因此，表 4 – 11 中各要素的贡献份额实际是对下降的贡献。

由表 4 – 11 得知，与"九五"时期相比，江苏省"十五"和"十一五"时期影响粮食作物总产值增长中价格因素贡献程度呈现小幅上升趋势，对总产值增长贡献分别达到了 35.88% 和 36.42%。这主要原因是随着市场化改革不断深入，我国社会主义市场经济体制不断完善，农产品价格因素受到市场规律作用，对粮食作物影响力在逐渐增强。同时，单位产量贡献在"十五"和"十一五"时期为正值，但贡献程度弱于价格因素，且递减幅度较大，从"十五"时期的 32.14% 下降到"十一五"时期的 21.08%。由此可见，单位面积产量成为价格因素之后，支撑粮食作物产值增长的另一个重要力量，两者合计的贡献程度对"十五"和"十一五"的粮食作物总产值增长贡献超过了一半。此外，"十五"和"十一五"时期粮食作物的面积贡献程度出现上升，由 31.99% 增加到 42.5%，其中种植结构贡献明显，而粮食作物总播种面积由"十五"时期的减少逐步转变为"十一五"时期的稳步增长，对总产值贡献程度也由 -0.82% 增加到 7.85%，从而提升种植面积对粮食作物总产值增长的贡献程度。粮食作物种植结构贡献明显，表明江苏粮食作物的种植结构正在得到不断调整和优化。

4.4.3 经济作物的结构变动对产值增长的贡献分析

表4-12是棉花、花生和油菜籽三种主要经济作物在四个时期总产值增长和结构变动的情况，表4-13是对应的四个时期经济作物产值增长的因素分解结果。

表4-12　　　　1991~2010年江苏省经济作物总产值增长情况

时期	增长量（万元）	占全时期增长量的比例（%）	占同期种植业总产值增长量的比例（%）	年均增长率（%）
1991~1995	88994	11.22	10.73	3.81
1996~2000	-75838	13.52	12.11	-3.47
2001~2005	-36318.7	-67.32	-53.64	-1.78
2006~2010	16420.9	3.43	7.63	0.88

从表4-12和4-13可知，经济作物总产值增长量在"八五"到"十一五"期间分别占种植业总产值增长量的11.22%、13.52%、-67.32%和3.43%，也占同期种植业总产值增长量的10.73%、12.11%、-53.64%和7.63%，年均增长率分别为3.81%、-3.47%、-1.78%和0.88%，其中由于棉花与油菜籽种植面积份额与价格均较高，因此其对经济作物产值增长的影响作用较大。

表4-13　　　　1991~2010年江苏省经济作物总产值增长的贡献因素分析

时期	单位面积产值贡献（%）	单位面积产值贡献分解		面积贡献（%）	面积贡献分解	
		价格贡献	单位产量贡献		总播种面积贡献	种植结构贡献
1991~1995	52.75	22.71	30.05	47.25	-14.76	62.01
1996~2000	-2.19	-14.98	12.8	102.19	-5.27	107.46
2001~2005	63.66	-172.14	235.8	36.34	0.16	36.18
2006~2010	228.33	232.5	-4.17	-128.33	5.71	-134.04

注：1996~2000年与2001~2005年经济作物总产值为负增长，因此，表4-13中各要素的贡献份额实际是对下降的贡献。

价格对经济作物总产值增长贡献由负转正，呈现递增趋势，尤其是

"九五"和"十五"期间经济作物总产值出现负增长,价格的反向贡献对这种总产值负增长起到积极的缓解作用。从整个考察期来看,特别是"十一五"期间,价格因素是经济作物总产值增长的主要因素,这是因为随着我国人们生活水平提高,人们对经济作物及其加工产品需求不断增长,由此拉动经济作物价格水平不断走高。值得注意的是,单位产量贡献呈显著下降趋势,甚至在"十五"和"十一五"期间起到了负作用,这很可能与长期以来我国农业科研投资政策有关。研究资源更多地分配到关系国计民生和社会稳定的粮食作物,而经济作物没有受到应用的重视。为了提高资源利用效率,今后应根据我国社会经济发展的新形势,逐步改革农业科研投资政策,优化资源配置,更好地发挥科技进步在种植业特别是经济作物发展中的巨大作用。

此外,"十一五"期间经济作物总播种面积贡献为负,面积贡献与种植结构贡献不合理问题也逐步呈现,种植结构贡献加剧"九五"和"十五"时期总产值的下降,直接转变为"十一五"期间对总产值增长的制约作用,这表明位于东部沿海发达地区的江苏省,其耕地扩展空间在缩小,过多地依赖播种面积来提高种植业发展水平的可行性已经非常小,应更多地借助科技进步水平来适应新形势。

4.4.4 七种农作物价格变动对产值增长中的贡献分析

由前文对种植业总产值增长以及粮食作物与经济作物的结构变动对产值增长的贡献因素分析可知,在一定技术条件和耕地面积约束下,农产品价格将成为影响农作物与种植业总产值的主要因素。表4-14给出历年江苏省七种主要农作物的产值增长中的价格贡献份额。

表4-14　　　江苏省农作物总产值的价格贡献份额（%）

农作物	小麦	稻谷	玉米	大豆	棉花	花生	油菜籽
1991	-7.04	22466.42	-25.47	4.42	7.28	-4.75	-227.1
1992	26.97	-292.25	82.84	57.16	-70.32	36.51	-317.92
1993	-33.42	104.16	32.87	-216.43	26.71	40.57	86.07
1994	148.68	123.82	101.88	113.71	52.27	-42.49	93.98
1995	104.62	-12.48	57.83	25378.76	34.35	-213.33	-99.41
1996	30.54	-96.8	-79.52	231.63	-47.59	6.34	-73.82
1997	-219.7	-152.64	64.85	23.47	132.67	101.9	2602.71

农作物	小麦	稻谷	玉米	大豆	棉花	花生	油菜籽
1998	0.97	19.99	12.55	-342.99	-52.67	-1067.98	23.38
1999	17.77	-9.88	-37.91	26.56	-21.99	23.13	-2.42
2000	-27.14	-54.44	-5.06	16.5	61.7	-3.78	-543.96
2001	8.42	647.9	62.56	-105.2	-418.28	-225.93	69
2002	32.91	-258.78	-129.06	79.11	1002.56	103.05	76.96
2003	13.88	70.84	31.76	5777.93	217.8	44.94	65.79
2004	39.79	34.18	-759.17	-102.29	-2476.7	-110.84	-104.23
2005	-377.4	-295.65	-16.32	-35	53.55	-18.76	-76.27
2006	16.69	49.14	55.9	-28.35	-349.96	692.22	21.72
2007	-510.17	-86.43	97.14	89.71	-64.46	589.28	213.59
2008	-239.43	-134.56	-122.65	-140.74	-82.1	-115.25	90.37
2009	94.98	71.23	68.33	1.27	9523	77.87	-130.53
2010	-131.52	97.18	82.35	-65.82	97.22	537.07	100.18

注：表中价格贡献份额 = 价格贡献量/│总产值增长量│。

表4-14中价格贡献份额反映出两方面的信息：（1）它与价格变动方向是完全一致的，价格贡献份额的符号为正表示价格上升，而负值表示价格下降，它直接表示出价格变动对产值增长贡献的方向；（2）它反映出价格贡献量在产值增长中的绝对份额，一般来说，价格贡献份额值大于100，说明价格对产值增长具有绝对优势，显著地拉动产值增长，而相应的价格贡献份额值小于-100，也表明价格贡献量在产值增长中的负向效应显著。从表4-14可以看出，七种农作物的价格贡献份额呈现出波动趋势，价格变动对产值增长贡献的影响明显，对产值增长贡献程度也不一样。虽然农产品价格变动有其自身固有的经济规律，但其对产值增长贡献的不稳定，则直接影响到农民收入的增长。或者说，表4-14中的产值增长中价格贡献份额剧烈变动趋势并不是一种理想的种植业发展状态。

4.5 小 结

在江苏省快速城市化与工业化进程中，经济发展和各类项目建设对农业耕地的占用，造成江苏省耕地面积的持续减少，并且这种下降趋势一时还难以得到有效扭转。但是目前发展较齐全的农田水利化建设、农业机械化作业水平与农业科技投入，单位面积产量的稳定增长一定程度上降低耕地面积减少带来的不利影响，从而保证江苏省种植业高效、高产水平，为种植业经济效益增长提供较好的基础条件。

在江苏省主要农产品价格、单产量与面积数据的基础上，运用结构贡献模型分析"八五"到"十一五"时期种植业总产值增长中的四种贡献因素，模型结果表明：

（1）从种植业整体来看，单位面积产值贡献在增强，并对种植业总产值增长起到重要作用，其中价格因素贡献程度表现出震荡起伏，对种植业总产值变动有较大影响。另外，单位面积产量贡献是持续正向的，但作用程度有减弱的趋势，暗示出提高农作物亩产水平的难度正在加大。在耕地面积持续减少的严峻形势下，到"十一五"期间种植业面积贡献转为负向，虽在该时期内总播种面积出现小幅增长，使总播种面积贡献为正向，但无法抵消种植结构贡献为负的作用程度，这说明"十一五"期间种植业结构问题突出，开始制约种植业总产值增长。

（2）1991～2010年粮食作物总产值增长贡献因素中价格贡献程度呈现小幅上升趋势，农产品价格因素受到市场规律作用，对粮食作物的影响力在逐渐增强，同时单位产量贡献保持正向作用，贡献程度弱于价格因素，且递减幅度较大，但两影响因素合计的贡献程度对粮食作物总产值增长贡献起到举足轻重的作用。

（3）1991～2010年，价格是经济作物总产值增长的主要因素，贡献程度由负转正，呈现递增的趋势，表明价格对经济作物增长起到积极作用。经济作物总播种面积贡献为负，面积贡献和种植结构贡献不合理问题也逐步呈现，种植结构逐渐转变为总产值增长的制约因素。

第 **5** 章

种植业结构变动与资源
配置效率分析

上一章运用结构贡献模型，测算种植业四种结构变动对总产值增长的贡献程度，其中江苏省城镇化进程中用地需求增长所导致农业耕地面积逐年减少，在模型计算得到面积贡献与种植结构贡献两者从正向转为负向，这成为现阶段产值增长的制约因素。"十一五"时期，虽有农作物总播种面积小幅度上升对产值增长的正向拉动作用，但种植结构贡献下降所带来的阻碍作用远大于上述正向贡献程度，从而造成种植业面积贡献为负。另外，从模型定义易于发现，种植结构贡献是指扣除总播种面积变动对总产值贡献之后，每种农作物自身种植面积变动对产值增长的贡献。"十一五"时期种植结构贡献为负，这说明存在每种农作物种植面积变动与产值增长的不合理之处。由此，本章将从每种农作物的土地资源角度出发，分析1991～2010年江苏省每种农作物结构变动与土地资源的配置效率状况。

5.1　农业系统资源配置模型

资源配置是指社会如何把有限的经济资源（包括人力、物力、财力以及科技、信息等），配置到社会需要的不同地区、产业、部门与企业，使它们在生产过程中得到最有效的利用并产生最佳效益。由于实际利用资源的稀缺性，要求人们必须对这些有限资源在许多使用意向中加以选择和确定，进行合理的配置。

由于现代化大生产条件下社会化分工存在，人们将社会经济领域分成许多个部门，如能源工业、机械工业与纺织工业等，在这些大部门下面，又被分成若干个小部门，这些大小不等的部门间存在着一种客观比例关系，各种经济资源必须按照这种比例关系要求分配到各个部门，社会生产才能正常进行、协调发展与增进效益。因此，资源配置核心内容是如何按比例地实现资源的最优化组合与配置，并且这是每个经济社会都存在且必须去解决的基本问题。但是，实现资源优化配置，不仅讲求比例协调，而且还要解决资源的流动问题。在实践过程中，能否合理有效地配置资源，是社会经济能否有效运行的关键，同时也是评价各种经济体制与方法优劣的重要标志之一。

对农业生产而言，不同生产资源的有效配置同样重要。在农业这"一级"层次上来说，有种植业、畜牧业、渔业和林业四个"二级"层次，农业生产资源的优化配置主要是以资源在这四个产业之间不断流动而达到。在这四个"二级"产业内部各个生产单元，它们构成复杂农业系统的亚层次，并且每级层次系统的资源流动必然影响上下一级系统。也就是说，对于复杂的农业系统，任何一个生产单元资源量变化必然引起系统资源重新流动，可能"指数效应"影响到整个系统的资源配置。导致资源流动的主要原因是生产单元之间资源使用的边际效益差异。因此，必须从复杂系统演化的角度进行资源的优化配置，而系统动力学模型分析方法正是以其独有的系统演化特征进行资源优化配置的较为科学的方法。资源配置模型具有下列基本假设：

（1）农业系统单元和资源间存在非线性的作用，表现为"正负反馈"；

（2）资源总是从使用效率低的生产单元流向使用效率高的生产单元，由于生产技术的变化，一个生产单元资源量的变化必然引起整个系统资源的重新分配；

（3）资源在各生产单元使用量为状态变量；

（4）系统内资源组合短期最优目标——单位价格购买资源的边际生产效益相等；

（5）新增加资源按现有资源结构分配，各状态变量的变化与收益和系统的非线性作用有关，另外，政府宏观控制和需求可直接或间接地干预资源分配，体现在价格控制上。

5.1.1　生产单元资源最优组合模型

设有 M 个生产单元，每个生产单元都投入 N 种生产资源：$X = (X_1,$

X_2，…，X_N），其中 X_i 可表示为劳动力、农业投资、土地、水利、肥料、机械、生产技术或其他资源，则有广义 $C-D$ 生产函数：

$$F_i(X) = e^{\lambda_i t} \cdot \prod_{j=1}^{N} X_{ij}^{a_{ij}}, \ i = 1, 2, \cdots, M; j = 1, 2, \cdots, N \quad (5.1)$$

式（5.1）中 F_i 为 t 时刻生产单元 i（产业）产品数量（产量），λ 为社会进步因子（科学技术贡献），a_{ij} 为生产单元 i（产业）中第 j 种资源的生产弹性系数。如果生产单元 i（产业）系统内资源组合最优，则单位价格购买各种资源的边际收益相等，即：

$$\frac{\frac{\partial F_i}{\partial X_{ij_m}}}{P_{ij_m}} = \frac{\frac{\partial F_i}{\partial X_{ij_n}}}{P_{ij_n}} \quad (5.2)$$

式（5.2）中，P_{ij_n} 与 P_{ij_m} 分别表示资源 X_{ij_n} 与 X_{ij_m} 的价格，由式（5.1）和式（5.2）可得最优资源配置量 X_{i1}^*：

$$X_{i1}^* = \left(\frac{F_i}{e^{\lambda_i t} \cdot \prod_{j=1}^{N} \left(\frac{p_{ij} \cdot a_{i1}}{p_{i1} \cdot a_{ij}} \right)^{a_{in}}} \right)^{\frac{1}{\sum_{j=1}^{N} a_{ij}}}, \ X_{ij}^* = \frac{p_{i1} a_{ij} X_{i1}^*}{a_{i1} p_{ij}}, \ j = 1, 2, \cdots, N$$

$$(5.3)$$

从上面可以看出，当某个生产单元满足（5.2）式时，即存在最优资源配置量。进一步，对于有 M 个生产单元构成的一个系统，从系统资源最优配置角度考虑，会有两个层面上的资源流动：①每个生产单元内部的资源最优配置的流动；②不同生产单元之间的资源流动。本章主要研究一个具体资源在不同生产单元之间的流动问题。

5.1.2 种植业资源配置的系统模型

考察江苏省种植业系统中各农作物生产单元，且仅以种植面积资源为分析对象。设 $A(t)$ 为 t 时刻总面积资源量，用于 M 种农作物生产，且每种农作物生产作为一个生产单元。$A_i(t)$ 为 t 时刻种植业系统生产单元 i 的土地面积，$\Delta A_i(t)$ 和 $\Delta A(t)$ 为 Δt 时刻的增量，$x_i = \frac{A_i(t)}{A(t)}$，（$i = 1$, 2, …, m）为生产单元 i 的面积资源结构，即土地面积比重，为方便符号 t 略写。

根据模型假设有：$\Delta A_i(t) = <i$ 与 j 单元之间面积资源量流动 $W_i> +$

<新增加资源量按现有结构分配 ΔN_i> + <政府宏观控制、需求变化和其他因素引起的增量 D_i>，即：

$$\Delta A_i = W_i + \Delta N_i + D_i$$

$$= W_i + \frac{A_i}{A} \cdot \Delta A + D_i \qquad (5.4)$$

上式中 D_i 为不确定因素，无法做出定量分析，故本章不作考察。

资源流动量 W_i 在 Δt 内的量与农业生产现有规模和整个系统的生产结构有关，受到农产品市场价格、政策与资源使用效率等影响，因此可设 $W_i = A_i \cdot f_i(X, V, P) \cdot \Delta t$，其中 $X = (x_1, x_2, \cdots, x_M)^T$，$V$ 是单位农作物生产率向量，即 $V = (v_1, v_2, \cdots, v_M)^T$，$P$ 是农作物价格向量，有 $P = (p_1, p_2, \cdots, p_M)^T$。故有：

$$\Delta A_i = A_i \cdot f_i(X, V, P) \cdot \Delta t + \frac{A_i}{A} \cdot \Delta A \qquad (5.5)$$

式（5.5）两边除以 Δt，并令 $\Delta t \rightarrow 0$，有

$$\dot{A} = A_i \cdot f_i(X, V, P) + \frac{\dot{A}}{A} \cdot A_i \qquad (5.6)$$

$x_i = \dfrac{A_i}{A}$ 两边取自然对数，并对时间 t 求导，有 $\dfrac{\dot{A_i}}{A_i} = \dfrac{\dot{x_i}}{x_i} + \dfrac{\dot{A}}{A}$，代入（5.6）式，有

$$\frac{\dot{x_i}}{x_i} = f_i(X, V, P) \qquad (5.7)$$

本章考虑 $f_i(X, V, P)$ 线性表达式，设 $f_i(X, V, P) = \sum\limits_{j=1}^{M} a_{ij} x_j$，其中参数 a_{ij} 只与 V、P 有关，它表示系统单元之间资源流动能力的大小，也即单元之间的非线性作用，$a_{ij} > 0$ 时表示资源从 j 单元流向 i 单元，$a_{ij} < 0$ 时流动方向相反，易知 $a_{ij} = 0$ 时单元 i 的资源量不会对增加资源产生影响，且有 $a_{ij} = -a_{ji}$。故（5.7）式可以进一步表示为：

$$\dot{x} = x_i \cdot \sum\limits_{j=1}^{M} a_{ij} x_j \qquad (5.8)$$

式（5.8）为农业系统资源配置模型，也是资源系统利用的普适模型。在短期内，资源在各单元之间流动是按其比较生产效率流动的，只要各单元间的比较生产效率存在差异，这种资源流动现象一定存在，当且仅当比较生产效率相等时有 $\dot{x_i} = 0$ 且 $a_{ij} = 0$，由此式（5.8）也称为变参数模型。

设生产单元 i 的生产效益函数为:

$$p_i F_i = p_i A_i v_i \qquad (5.9)$$

其中，F_i、p_i、v_i 分别为生产单元 i 的产品数量、价格和资源生产率（这里可以理解为农作物产量）。各种农作物生产还必须满足一定的供给关系，这是由于农产品长期供给弹性一般较大，假设为"蛛网型"，为研究方便，设 A_i 与 p_i 之间有线性关系:

$$p_i(t) = -\delta_i \cdot A_i(t) + q_i(t,\ A) \qquad (5.10)$$

根据上述分析，可以构造农作物生产最优模型:（Value of Outputs, 用 VO 表示总产值）

$$Max(VO) = \sum_{i=1}^{M} p_i \cdot F_i = \sum_{i=1}^{M} p_i \cdot A_i \cdot v_i \qquad (5.11)$$

$$s.t. \qquad p_i = -\delta_i \cdot A_i + q_i \ 且 \ \sum_{i=1}^{M} A_i = A$$

建立 Hamilton 函数:

$$H = \sum_{i=1}^{M} p_i \cdot F_i - \lambda \left(\sum_{i=1}^{M} A_i - A \right) \qquad (5.12)$$

式（5.12）取得极大值（决策变量为 A_i）的必要条件为:

$$\frac{\partial H}{\partial A_i} = p_i \cdot \frac{\partial F_i}{\partial A_i} + F_i \cdot \frac{\partial p_i}{\partial A_i} - \lambda$$
$$= v_i (q_i - 2\delta_i A_i) - \lambda = 0$$

$$即 \quad \lambda = v_i (q_i - 2\delta_i A_i),\ 且 \ \frac{\partial H}{\partial \lambda} = \sum_{i=1}^{M} A_i - A = 0 \qquad (5.13)$$

$\Delta A_{ij} (i \neq j\ 且\ i,\ j = 1,\ 2,\ \cdots,\ M)$ 表示资源从 i 生产单元向 j 生产单元在 Δt 内的流量，当资源配置满足最优时，要求资源在各农作物生产单元的边际效益相等，也即没有资源流动。由此根据（5.13）式可得:

$$v_i [2\delta_i (A_i + \Delta A_{ij}) - q_i] = v_j [2\delta_j A_j (A_j - \Delta A_{ij}) - q_j] \qquad (5.14)$$

由（5.14）式解得:

$$\Delta A_{ij} = \frac{v_i (q_i - 2\delta_i A_i) - v_j (q_j - 2\delta_j A_j)}{2\delta_i v_i + 2\delta_j v_j} \qquad (5.15)$$

根据前面（5.8）式的分析可以看出，ΔA_{ij} 又可以表示为 $a_{ij} A x_i x_j$ 单元之间资源在 Δt 内的流量，故有:

$$a_{ij} = \frac{\Delta A_{ij}}{A x_i x_j} = \frac{v_i (q_i - 2\delta_i A_i) - v_j (q_j - 2\delta_j A_j)}{2(\delta_i v_i + \delta_j v_j) A x_i x_j} \qquad (5.16)$$

由 (5.13) 式得 $\lambda = v_i(q_i - 2\delta_i A_i)$，变形得 $A_i = \dfrac{v_i q_i - \lambda}{2\delta_i v_i}$，故 $\displaystyle\sum_{i=1}^{M} A_i = $

$\displaystyle\sum_{i=1}^{M} \dfrac{v_i q_i - \lambda}{2\delta_i v_i} = A$，得到资源优化模型为：

$$\lambda = \left(A - \sum_{i=1}^{M} \frac{q_i}{2\delta_i} \right) \cdot \sum_{i=1}^{M} 2\delta_i$$

$$A_i = \frac{v_i q_i - \lambda}{2\delta_i v_i}$$

$$\dot{x}_i = x_i \cdot \sum_{j=1}^{M} a_{ij} x_j \tag{5.17}$$

由式 (5.10)、(5.13)、(5.17) 可以求解式 (5.16) 中的参数 q_i，δ_i，通过数据可确定合适的 a_{ij}。

5.2　种植业土地资源配置的实证分析

5.2.1　数据说明

本章所用数据主要以农产品成本收益数据为主，数据来源于《全国农产品成本收益资料汇编》（2002～2011 年）、《中国农村统计年鉴》（1991～2011 年）和《江苏统计年鉴》（1991～2011 年）。其中，粮食作物包含稻谷、小麦、玉米和大豆，经济作物为棉花、花生和油菜籽，共七种农作物，这七种作物的播种面积和产量占江苏农作物的80%以上，具有分析的代表性，其中具体指标涉及各种农作物的播种面积、产量、各种农作物的当年价格。

5.2.2　江苏省七种农作物的土地资源流动能力分析

利用 LINGO 软件，将历年数据代入式 (5.10)、式 (5.13) 与式 (5.17)，可以计算出式 (5.16) 中各种植业资源的流动能力值 a_{ij}，结果分别显示在表 5-1～表 5-7 中。

在最优资源配置条件下，计算得到各种作物土地资源流动能力值 a_{ij} 较小，各种作物之间存在着微量流动，这暗示出江苏省种植业之间土地资源仍未达到最优配置效率。

1. 小麦结构变动对土地资源的配置效率分析

从表 5 – 1 横向来看小麦在不同年份之间的流动情况：（1）"八五"初期（1991 年）小麦对稻谷和经济作物的流向是反方向的，资源流出现象表明初期小麦对稻谷和经济作物缺乏优势，随后小麦对经济作物的流动转为正向，表现出其对经济作物有较明显优势存在。（2）"九五"期间，小麦对其他粮食作物之间的流动延续"八五"末期的负向流动，但呈现出放缓趋势。小麦对经济作物之间的正向流动趋势减缓，小麦对棉花的流动方向由负转正，但是小麦对花生出现连续地负向流动，同时对油菜籽的流动方向也由正转负，这说明小麦对花生和油菜籽两种作物资源流出，小麦相对优势减弱。（3）"十五"期间，小麦对粮食作物继续保持负向流动趋势，其中以小麦对稻谷的流动方向比较明显，连续 4 年负向流动，另外同期小麦对经济作物表现出震荡趋势，除小麦对油菜籽连续 5 年负向流动外，小麦对棉花和花生出现交叉流动现象，表现出不稳定趋势。（4）"十一五"期间，小麦对其他粮食作物来说，流动方向同样出现震荡趋势，流动方向不稳定，原因可以归结为农产品市场的不稳定，多种因素影响到农作物种植。其对经济作物而言，小麦对棉花和花生的交叉变化趋势在减缓，且逐步变为正向流动，说明小麦的边际价值在提升。但对油菜籽来说，小麦的边际价值降低趋势并没有改善，反而持续地负向流动，这进一步暗示作为江苏省春夏同季农作物，小麦的优势正逐年减少。

从农作物个体之间来看：（1）小麦对水稻的流动趋势，由"八五"和"九五"时期的震荡变化转变为"十五"和"十一五"的负向流动，1999～2010 年（除去 2005 年和 2008 年），小麦对稻谷的资源流出明显，这进一步表明作为粮食作物两大主力品种中，小麦对稻谷的资源优势流失，其中主要原因是小麦价格增长缓慢，经济效益不高，直接导致农民种植意向减弱。（2）小麦与玉米、大豆之间的流动趋势，总体上与水稻"八五"和"九五"期间的流向相似，流动出现震荡格局。（3）在三种经济作物之间，1991～2010 年这 20 年内，小麦对棉花整体表现为正向流动，其中以 1999～2010 年这一时间段比较明显，小麦对棉花的优势明显。20年内小麦对花生的流动整体上与棉花相反，负向流动占据这两种农作物流动趋势的较大比例，最后小麦对油菜籽的流动方向则更为显著，由前期负向转为正向，再从 1998 年开始，转变为持续性地负向流动，小麦资源优势损失较为明显。

表 5-1 江苏省小麦的资源流动能力值

年份	小麦—稻谷	小麦—玉米	小麦—大豆	小麦—棉花	小麦—花生	小麦—油菜籽
1991	-7.4397	66.558	57.4028	-3.4358	-7.5285	-138.9115
1992	0.0438	-0.2634	0.0129	0.0365	0.0639	-15.7914
1993	0.0675	-0.0162	0.0663	0.0224	0.0601	0.0308
1994	0.0041	0.0208	0.0193	0.035	0.0481	0.0312
1995	-0.0086	-0.0347	-0.0852	-0.006	-0.0224	0.0089
1996	-0.0037	-0.0169	-0.0254	0.0292	-0.0093	0.0055
1997	0.0454	0.138	-29.7592	-0.0826	-0.0046	0.0315
1998	0.0784	1.3054	0.6209	-0.094	-0.015	-0.0559
1999	-0.0061	-0.0245	-0.0307	0.0075	-0.0613	-0.0436
2000	-0.0231	-0.029	0.0042	0.0082	0.083	0.0264
2001	-0.014	-0.006	-0.0075	0.0066	-0.0156	-0.0042
2002	-0.01	-0.0661	0.0151	-0.0372	0.053	-0.0355
2003	-0.0005	0.0244	0.0068	0.0165	-0.0113	-0.038
2004	-0.0132	-0.011	0.0645	-0.0367	-0.0904	-0.0259
2005	0.0119	0.0137	0.0717	0.0221	-0.0301	-0.011
2006	-0.0255	-0.3053	-0.3015	0.0396	0.0085	-3.5198
2007	-0.0749	0.0121	-0.1277	0.1819	0.0193	0.0372
2008	0.0262	0.1722	-3.7414	0.1227	0.0474	-0.1775
2009	-1.5498	-0.0697	0.0286	0.3184	-0.0297	-0.0273
2010	-0.0482	0.0126	-0.0371	0.0461	-0.0417	-0.0219

2. 稻谷结构变动对土地资源的配置效率分析

从表 5-2 横向看稻谷在不同年份之间的流动情况：（1）"八五"和"九五"期间，稻谷对另外三种粮食作物整体上负向流动占多数，这与同期稻谷种植面积减少相一致，在这些负向流动中又以玉米和大豆最为明显，说明这一时期稻谷生产存在一定劣势，土地资源出现流出的迹象。同时，稻谷对经济作物出现正向流动略大于负向流动，经过震荡调整后，2000 年对三种主要经济作物出现一致的资源流进，相对优势显著。（2）"十五"期间，稻谷相对其他粮食作物优势在增强，延续"九五"末的正向流动趋势，说明稻谷边际价值在逐步提升，但其对经济作物的优势出现震荡情形，由前期明显优势，逐步减弱。（3）"十一五"期间，稻谷种植面积出现持续地小幅度上升，其中粮食作物对稻谷的流动明显，这也是该时期稻谷面积增加的主要原因，稻谷对粮食作物流动是正向的，也表明稻谷优势进一步得到体现。稻谷对经济作物之间的流动则继续表现出震荡态势，稻谷与经济作物之间的资源调整加快，也给这两者带来更多的不确定性。

表 5 – 2 江苏省稻谷的资源流动能力值

年份	稻谷—小麦	稻谷—玉米	稻谷—大豆	稻谷—棉花	稻谷—花生	稻谷—油菜籽
1991	7.4397	– 3.2761	0.2139	0.0036	– 0.085	– 0.1295
1992	– 0.0438	– 0.4408	– 0.127	0.002	0.0302	0.0322
1993	– 0.0675	– 0.1479	– 0.2176	– 0.0618	– 0.0264	– 0.1206
1994	– 0.0041	0.0079	0.0046	0.0254	0.0393	0.0155
1995	0.0086	– 0.0138	– 0.0521	0.0037	– 0.0064	0.0256
1996	0.0037	– 0.0061	– 0.014	0.03	– 0.0022	0.0134
1997	– 0.0454	0.4994	– 0.7838	– 0.0857	– 0.0277	0.1336
1998	– 0.0784	– 0.0196	– 0.0058	– 0.1165	– 0.0901	0.1538
1999	0.0061	– 0.011	– 0.0134	0.0175	– 0.0474	– 0.0247
2000	0.0231	0.0195	0.0456	0.0294	0.0984	0.0623
2001	0.014	0.017	0.0202	0.0208	0.0051	0.0214
2002	0.01	– 0.0343	0.0276	– 0.0213	0.0546	– 0.0065
2003	0.0005	0.0191	0.0063	0.014	– 0.0086	– 0.0263
2004	0.0132	0.0163	0.0706	– 0.0131	– 0.0491	0.0025
2005	– 0.0119	– 0.0154	0.0258	0.0026	– 0.0379	– 0.0273
2006	0.0255	– 0.0301	0.0384	0.0521	0.0284	– 0.0678
2007	0.0749	0.0591	0.0151	0.0661	0.0016	0.1319
2008	– 0.0262	0.504	– 0.4071	0.0366	0.0224	– 0.135
2009	1.5498	0.0914	0.255	– 0.3104	– 0.1041	0.1624
2010	0.0482	0.0381	– 0.0223	0.0324	– 0.0498	– 0.0096

从不同农作物个体来看，稻谷作为江苏省第一大农作物的地位没有改变，20 年内，稻谷种植面积从下降逐渐转为增长，这与表 5 – 2 中稻谷的资源流动情况相似。稻谷对六种农作物的流动情况中，其对小麦和棉花的正向流动显著，而 1991～1999 年间的稻谷对玉米、大豆和花生的负向流动持续时间较长，这也很好地解释了"八五"和"九五"期间稻谷种植面积下降，也表明该时期内稻谷生产优势并不显著，较低的边际价值导致

稻谷资源流向其他农作物。这一情况从 2000 年开始发生转变，稻谷对玉米和大豆流动转为正向，由前一时期的资源流出转变为资源流进，稻谷对玉米和大豆的相对优势凸显，同时稻谷对棉花与花生流动则表现出交叉震荡趋势。另外，稻谷对油菜籽的流动出现逆转，由正向流动转变为负流动，可见稻谷对油菜籽的相对优势正在减退。

3. 玉米结构变动对土地资源的配置效率分析

从表 5 – 3 横向看玉米在不同年份间的流动情况：（1）"八五"期间，玉米对粮食作物流动方向出现震荡趋势，但玉米对经济作物的流动则以正向为主，表明玉米对经济作物的相对优势和边际价值提升；（2）"九五"期间，玉米对三种粮食作物以正向流动为主，并以玉米对大豆的正向流动最为显著，而玉米对经济作物的流动延续"八五"末的正向流动态势，但在1997 ~ 1999 年间出现不同幅度的负向流动，经过几年的震荡后，又恢复到正向流动的水平上；（3）"十五"期间，玉米对粮食作物延续上一阶段的趋势，但是震荡更加明显，而玉米对经济作物的负向流动占据主要局面，玉米土地资源流出加快，玉米对三种经济作物的优势逐渐消退；（4）"十一五"期间，玉米对粮食作物流动由 2006 年的正向调整为连续地负向流动，其中玉米向小麦、稻谷和大豆的资源流出明显，其中向稻谷表现出较强的流出趋势，前期积累的相对优势，损失较多。另外，这一时期玉米对经济作物的流动以正向为主，其中玉米对棉花的资源流进趋势突出，而对花生和油菜籽则表现出交叉震荡态势。

表 5 – 3　　　　　　　　　江苏省玉米的资源流动能力值

年份	玉米—小麦	玉米—稻谷	玉米—大豆	玉米—棉花	玉米—花生	玉米—油菜籽
1991	− 66.558	3.2761	− 1.4302	0.2125	− 0.1151	− 1.7417
1992	0.2634	0.4408	− 0.2486	0.1726	0.3138	− 1.6445
1993	0.0162	0.1479	0.2663	0.107	0.3036	0.1359
1994	− 0.0208	− 0.0079	− 0.0218	0.0804	0.1497	0.0255
1995	0.0347	0.0138	− 0.1158	0.0426	0.0276	0.1219
1996	0.0169	0.0061	− 0.0306	0.1358	0.0122	0.0672
1997	− 0.138	− 0.4994	0.3058	− 0.3527	0.2377	− 0.2069
1998	− 1.3054	0.0196	0.1439	− 0.6022	− 0.4297	0.41
1999	0.0245	0.011	0.0061	0.1127	− 0.1683	− 0.0341
2000	0.029	− 0.0195	0.1062	0.0844	0.381	0.126

续表

年份	玉米—小麦	玉米—稻谷	玉米—大豆	玉米—棉花	玉米—花生	玉米—油菜籽
2001	0.006	− 0.017	− 0.0015	0.0301	− 0.0341	0.0055
2002	0.0661	0.0343	0.2217	− 0.0037	0.3049	0.0802
2003	− 0.0244	− 0.0191	− 0.0345	0.0158	− 0.084	− 0.1198
2004	0.011	− 0.0163	0.2325	− 0.0943	− 0.2776	− 0.0351
2005	− 0.0137	0.0154	0.1963	0.0525	− 0.1487	− 0.054
2006	0.3053	0.0301	0.7075	0.3652	0.2115	− 0.3114
2007	− 0.0121	− 0.0591	− 0.3749	− 6.4274	0.1434	0.0532
2008	− 0.1722	− 0.504	− 0.752	5.6085	0.6816	− 0.7587
2009	0.0697	− 0.0914	0.4105	0.5462	− 0.4341	0.1223
2010	− 0.0126	− 0.0381	− 0.1892	0.3405	− 0.1824	− 0.1038

　　玉米种植面积有"八五"和"九五"时期的 460 千公顷逐渐下降到 2010 年的 400 千公顷左右，种植面积比例在 7% 左右浮动。从不同农作物个体来看，小麦、稻谷和大豆保持对玉米的震荡趋势，进入"十一五"时期，玉米对这三类农作物出现较大的流出态势，资源流出增速，相对优势的流失加快。玉米对棉花的流动由早期正向流动，调整到中期震荡起伏阶段，继而又恢复正向流动趋势，表明玉米对棉花的相对优势继续存在。与此同时，玉米对油菜籽的流动同样由早期正向调整到后期以负流动为主的局面，并没有恢复到早期水平，其对花生的流动方向与油菜籽类似，资源由正向流进逐步转变成流出，使得玉米相对优势出现不同程度的损失。

4. 大豆结构变动对土地资源的配置效率分析

　　从表 5 - 4 横向看大豆在不同年份间的流动情况：（1）"八五"期间，大豆对另外三种粮食作物流动以负向为主，其中以对小麦负向最为显著，到 1995 年，大豆流动转变为正向，主要原因是 1995 年大豆收购价格高涨。大豆对经济作物的优势明显，保持较高的正向流动，资源流进显著。因此，"八五"期间大豆对其他农作物来说优势突出。（2）"九五"期间，大豆对粮食作物继续保持正向流动，资源流进，由于收购价格连续攀升，于 1997 年达到同期历史最高位，这使得大豆对粮食作物的相对优势突显，后期大豆价格回落，导致大豆对粮食作物优势流失，资源流动方向出现逆转。大豆对经济作物延续正向流动态势，经过三年震荡调整，到"九五"末又恢复到资源流进局面，大豆的相对优势得以恢复。（3）"十五"期间,大豆对粮食作物的优势进一步流失,同时对经济作物的优势也同样没有得到保存,这一时期大豆种植面积逐年减少,土地资源流失严重。(4)"十一五"期间大豆种植面积小幅度上升,带来资源流动震荡趋势,其对粮食作物的流动到"十一五"末达到正方向,但其对经济作物的优势却变得不确定。

表 5 - 4			江苏省大豆的资源流动能力值			
年份	大豆—小麦	大豆—稻谷	大豆—大豆	大豆—棉花	大豆—花生	大豆—油菜籽
1991	- 57. 4028	- 0. 2139	1. 4302	0. 1897	- 1. 0391	0. 3883
1992	- 0. 0129	0. 127	0. 2486	0. 2565	0. 692	0. 9593
1993	- 0. 0663	0. 2176	- 0. 2663	0. 0248	0. 3313	- 0. 0231
1994	- 0. 0193	- 0. 0046	0. 0218	0. 1362	0. 2731	0. 0566
1995	0. 0852	0. 0521	0. 1158	0. 1555	0. 2233	0. 3111
1996	0. 0254	0. 014	0. 0306	0. 2491	0. 0743	0. 1155
1997	29. 7592	0. 7838	- 0. 3058	- 0. 5493	0. 5088	- 0. 9684
1998	- 0. 6209	0. 0058	- 0. 1439	- 1. 2055	- 0. 9308	2. 0686
1999	0. 0307	0. 0134	- 0. 0061	0. 1856	- 0. 3208	- 0. 0572
2000	- 0. 0042	- 0. 0456	- 0. 1062	0. 0316	0. 4266	0. 0492
2001	0. 0075	- 0. 0202	0. 0015	0. 0448	- 0. 0499	0. 008
2002	- 0. 0151	- 0. 0276	- 0. 2217	- 0. 1993	0. 1973	- 0. 0959
2003	- 0. 0068	- 0. 0063	0. 0345	0. 0476	- 0. 0699	- 0. 0848
2004	- 0. 0645	- 0. 0706	- 0. 2325	- 0. 2926	- 0. 643	- 0. 1899
2005	- 0. 0717	- 0. 0258	- 0. 1963	- 0. 0694	- 0. 4147	- 0. 1876
2006	0. 3015	- 0. 0384	- 0. 7075	0. 5128	0. 2469	- 1. 6889
2007	0. 1277	- 0. 0151	0. 3749	1. 2741	0. 025	0. 6488
2008	3. 7414	0. 4071	0. 752	1. 8194	0. 8189	- 0. 7161
2009	- 0. 0286	- 0. 255	- 0. 4105	- 1. 0227	- 0. 1699	- 0. 2007
2010	0. 0371	0. 0223	0. 1892	0. 427	- 0. 9828	0. 0366

　　从不同农作物个体来看:大豆对小麦的优势经历大致四个波动阶段,由负转正,后又转变为负,最后恢复到资源流进。其对稻谷的流动则由前期正向转变为持续地负方向,这与 21 世纪国家粮食政策中稻谷的主导地位相关。大豆对玉米的流动则呈现震荡态势,而其对棉花、花生和油菜籽的流动由前期的正向流动转变为震荡趋势,其中负向流动以油菜籽最为明显。

5. 棉花结构变动对土地资源的配置效率分析

从表5-5横向看棉花在不同年份之间的流动情况：（1）"八五"期间，棉花对粮食作物流动基本以负方向为主，资源向其他农作物流出明显，而棉花对经济作物由初期负向流动，中后期棉花对花生和油菜籽的流动呈现交叉震荡，而对大豆则一直呈现流出的劣势；（2）"九五"期间，棉花对粮食作物和经济作物同时表现出一种"倒U型"流动趋势，由1996年负向流动，转变为正向资源流进，到1999年又同时转向，棉花并没有将中期的相对优势保持；（3）"十五"期间，棉花对粮食作物和经济作物均呈现出波动趋势，正负流向交替出现，说明棉花遭遇比较剧烈的调整期；（4）接下来"十一五"期间，棉花经历上一时期调整之后并没有朝资源流进方向演变，反而是自身优势的进一步流失。可以看出，其对粮食作物和经济作物仅个别年份为正外，负向流动占据了主导地位。

表5-5　　　　　　　　　江苏省棉花的资源流动能力值

年份	棉花—小麦	棉花—稻谷	棉花—玉米	棉花—大豆	棉花—花生	棉花—油菜籽
1991	3.4358	- 0.0036	- 0.2125	- 0.1897	- 0.2945	- 0.3675
1992	- 0.0365	- 0.002	- 0.1726	- 0.2565	0.0918	0.0255
1993	- 0.0224	0.0618	- 0.107	- 0.0248	0.1432	- 0.0803
1994	- 0.035	- 0.0254	- 0.0804	- 0.1362	0.0312	- 0.2147
1995	0.006	- 0.0037	- 0.0426	- 0.1555	- 0.0387	0.1133
1996	- 0.0292	- 0.03	- 0.1358	- 0.2491	- 0.1916	- 0.4008
1997	0.0826	0.0857	0.3527	0.5493	0.5176	1.8621
1998	0.094	0.1165	0.6022	1.2055	0.5256	2.5383
1999	- 0.0075	- 0.0175	- 0.1127	- 0.1856	- 0.3982	- 0.4411
2000	- 0.0082	- 0.0294	- 0.0844	- 0.0316	0.2623	0.0296
2001	- 0.0066	- 0.0208	- 0.0301	- 0.0448	- 0.0666	- 0.0594
2002	0.0372	0.0213	0.0037	0.1993	0.3059	0.1546
2003	- 0.0165	- 0.014	- 0.0158	- 0.0476	- 0.0907	- 0.2447
2004	0.0367	0.0131	0.0943	0.2926	- 0.1138	0.1308
2005	- 0.0221	- 0.0026	- 0.0525	0.0694	- 0.177	- 0.2457
2006	- 0.0396	- 0.0521	- 0.3652	- 0.5128	- 0.1201	- 1.275
2007	- 0.1819	- 0.0661	6.4274	- 1.2741	- 0.1283	- 11.2817
2008	- 0.1227	- 0.0366	- 5.6085	- 1.8194	0.0264	- 3.7135
2009	- 0.3184	0.3104	- 0.5462	1.0227	- 0.4018	0.8664
2010	- 0.0461	- 0.0324	- 0.3405	- 0.427	- 0.5912	- 0.833

从不同农作物个体来看：1991～1996 年，棉花对花生流动是正向的，其对另外五种作物流动都是负向的，经历 1997 年和 1998 年两年正向流动，随后棉花对六种农作物的优势逐渐流失，并且恢复的迹象微小。江苏省棉花流动趋势整体上是负向流动，这从历年棉花种植面积可以加以验证，20 年内江苏省棉花种植面积减少了 65%，由"八五"时期的 673.43 千公顷减少到 2010 年的 235.68 千公顷，棉花面积锐减，表明棉花相对优势缺失，农民种植意向减弱。

6. 花生结构变动对土地资源的配置效率分析

从表 5－6 横向看花生在不同年份的流动情况：（1）"八五"期间，花生对粮食作物由初期正向流动，转变为小麦和玉米的持续负向，而对稻谷表现出正负波动的态势。另外，花生对经济作物由前期正向流动，转变为持续地负向流动，资源流出加剧，相对优势减弱，到后期这种负向的劣势得到部分缓解。（2）"九五"期间，花生对粮食作物和经济作物的流动表现出以正向流动为主的震荡调整局面，但是这种调整并没有得到稳定，到期末花生相对优势又出现消退。（3）"十五"期间，江苏省花生种植面积和单产水平都达到最高值，这一时期资源流动方向也以正向为主，表现出较强劲的相对优势。（4）"十一五"期间，花生对粮食作物和经济作物流动方向主要为两个阶段，上一时期优势并没有得到延续，2006～2008 年为负向流动，花生边际价值降低，但到 2009 年和 2010 年，这一方向出现转向，花生对两类作物的优势开始大范围提升，其中主要得益于这两年花生收购价格大幅上涨。

表 5－6　　　　　　　　江苏省花生的资源流动能力值

年份	花生—小麦	花生—稻谷	花生—玉米	花生—大豆	花生—棉花	花生—油菜籽
1991	7.5285	0.085	0.1151	1.0391	0.2945	0.298
1992	− 0.0639	− 0.0302	− 0.3138	− 0.692	− 0.0918	− 0.1421
1993	− 0.0601	0.0264	− 0.3036	− 0.3313	− 0.1432	− 0.2029
1994	− 0.0481	− 0.0393	− 0.1497	− 0.2731	− 0.0312	− 0.1162
1995	0.0224	0.0064	− 0.0276	− 0.2233	0.0387	0.1037
1996	0.0093	0.0022	− 0.0122	− 0.0743	0.1916	0.0527
1997	0.0046	0.0277	− 0.2377	− 0.5088	− 0.5176	− 0.0638
1998	0.015	0.0901	0.4297	0.9308	− 0.5256	0.3196

续表

年份	花生—小麦	花生—稻谷	花生—玉米	花生—大豆	花生—棉花	花生—油菜籽
1999	0.0613	0.0474	0.1683	0.3208	0.3982	0.1244
2000	-0.083	-0.0984	-0.381	-0.4266	-0.2623	-0.1883
2001	0.0156	-0.0051	0.0341	0.0499	0.0666	0.0303
2002	-0.053	-0.0546	-0.3049	-0.1973	-0.3059	-0.1706
2003	0.0113	0.0086	0.084	0.0699	0.0907	-0.0409
2004	0.0904	0.0491	0.2776	0.643	0.1138	0.1478
2005	0.0301	0.0379	0.1487	0.4147	0.177	0.0534
2006	-0.0085	-0.0284	-0.2115	-0.2469	0.1201	-0.1822
2007	-0.0193	-0.0016	-0.1434	-0.025	0.1283	-0.1593
2008	-0.0474	-0.0224	-0.6816	-0.8189	-0.0264	-0.607
2009	0.0297	0.1041	0.4341	0.1699	0.4018	0.2243
2010	0.0417	0.0498	0.1824	0.9828	0.5912	0.342

从不同农作物个体来看：花生对另外六种农作物的流动主要表现出正负交替的波动情形，对每种农作物的相对优势保持时间不长，同样对每种农作物劣势也持续不长。例如，花生对玉米和大豆而言，由初期负向流动，发展到中期震荡调整，再恢复到 2009 年正向流动。从 1991～2010 年的花生种植面积来看，这个时间段内，花生面积大致符合"倒 U 型"波动，"八五"和"九五"时期花生面积小幅上升，在"十五"是花生播种面积最高值时期，随后在"十一五"时期出现急剧下降，又恢复到 1991 年的播种水平，即种植面积在 110 千公顷左右。

7. 油菜籽结构变动对土地资源的配置效率分析

从表 5-7 横向看油菜籽在不同年份的流动情况：（1）"八五"期间，油菜籽对粮食作物的流动是正向的，其中以小麦与玉米最为显著，经过中期的震荡调整，油菜籽对粮食作物流动转为负向，其对粮食作物的边际价值在下降，相对优势在减少。而油菜籽对两种经济作物的流动则由正向转变为负向，优势也同样在下降。（2）"九五"期间，油菜籽对粮食作物的流动主要以负向为主，延续上一时期末的趋势，经历中期波动之后，仍以负向收尾，其相对优势进一步损失。同期油菜对经济作物表现为交叉波动趋势，流动方向变得不明朗。（3）"十五"期间，油菜种植面积达到最高值，并持续在 680 千公顷左右，这一时期油菜籽对其他农作物的优势得到体现，流动方向以正向为主，资源流进，使得播种面积和单位产量都稳定在较高水平上。（4）"十一五"期初期油菜籽延续上一阶段的优势，但这种优势并没有得以保持，随后出现不同程度地下降，其对粮食作物出现负流动，仅对经济作物仍然保持较高的优势，随后由于 2008 年油菜籽价格大幅增长，这是吸引该年资源流向油菜籽的主要因素，"十一五"末油菜籽价格回落，油菜籽的边际价值开始出现流失。

表 5-7　　　　　　江苏省油菜籽的资源流动能力值

年份	油菜—小麦	油菜—稻谷	油菜—玉米	油菜—大豆	油菜—棉花	油菜—花生
1991	138.9115	0.1295	1.7417	−0.3883	0.3675	−0.298
1992	15.7914	−0.0322	1.6445	−0.9593	−0.0255	0.1421
1993	−0.0308	0.1206	−0.1359	0.0231	0.0803	0.2029
1994	−0.0312	−0.0155	−0.0255	−0.0566	0.2147	0.1162
1995	−0.0089	−0.0256	−0.1219	−0.3111	−0.1133	−0.1037
1996	−0.0055	−0.0134	−0.0672	−0.1155	0.4008	−0.0527
1997	−0.0315	−0.1336	0.2069	0.9684	−1.8621	0.0638
1998	0.0559	−0.1538	−0.41	−2.0686	−2.5383	−0.3196
1999	0.0436	0.0247	0.0341	0.0572	0.4411	−0.1244
2000	−0.0264	−0.0623	−0.126	−0.0492	−0.0296	0.1883
2001	0.0042	−0.0214	−0.0055	−0.008	0.0594	−0.0303
2002	0.0355	0.0065	−0.0802	0.0959	−0.1546	0.1706
2003	0.038	0.0263	0.1198	0.0848	0.2447	0.0409
2004	0.0259	−0.0025	0.0351	0.1899	−0.1308	−0.1478
2005	0.011	0.0273	0.054	0.1876	0.2457	−0.0534
2006	3.5198	0.0678	0.3114	1.6889	1.275	0.1822
2007	−0.0372	−0.1319	−0.0532	−0.6488	11.2817	0.1593
2008	0.1775	0.135	0.7587	0.7161	3.7135	0.607
2009	0.0273	−0.1624	−0.1223	0.2007	−0.8664	−0.2243
2010	0.0219	0.0096	0.1038	−0.0366	0.833	−0.342

从不同农作物个体来看：油菜籽对小麦的流动以正向居多，自 1998 年以后，油菜籽收购价格增长和相应的食用油价格上涨，都高于小麦价格增长幅度，使得两者之间资源流动比较明显，市场因素促使更多资源从小麦转向油菜种植。油菜籽对稻谷、玉米、大豆、棉花和花生的流动主要呈现出波动起伏态势，长期稳定的单一流动方向不明显。

5.2.3 江苏省农作物土地资源的演化趋势分析

上一节详细分析了江苏省"八五"、"九五"、"十五"和"十一五"四个五年计划内七种主要农作物的种植面积资源流动情况。接下来，本节忽略时间变动，根据（5.8）式分别推算出小麦、稻谷、玉米、大豆、棉花、花生和油菜籽七种农作物从 1992 年到 2010 年的耕地资源结构演化模型（5.18 式）。

$$\begin{cases} \dot{x}_1 = -1.5x_1x_2 + 0.856x_1x_3 - 33.205x_1x_4 + 0.636x_1x_5 + 0.052x_1x_6 - 19.581x_1x_7 \\ \dot{x}_2 = 1.5x_2x_1 + 0.553x_2x_3 - 1.134x_2x_4 - 0.276x_2x_5 - 0.17x_2x_6 + 0.337x_2x_7 \\ \dot{x}_3 = -0.856x_3x_1 - 0.553x_3x_2 + 0.828x_3x_4 + 0.214x_3x_5 + 1.008x_3x_6 - 2.121x_3x_7 \\ \dot{x}_4 = 33.205x_4x_1 + 1.134x_4x_2 - 0.828x_4x_3 + 1.826x_4x_5 + 0.236x_4x_6 + 0.041x_4x_7 \\ \dot{x}_5 = -0.636x_5x_1 + 0.276x_5x_2 - 0.214x_5x_3 - 1.826x_5x_4 - 0.414x_5x_6 - 13.069x_5x_7 \\ \dot{x}_6 = -0.052x_6x_1 + 0.17x_6x_2 - 1.008x_6x_3 - 0.236x_6x_4 + 0.414x_6x_5 - 0.475x_6x_7 \\ \dot{x}_7 = 19.581x_7x_1 - 0.337x_7x_2 + 2.121x_7x_3 - 0.041x_7x_4 + 13.069x_7x_5 + 0.475x_7x_6 \end{cases}$$

$$(5.18)$$

（5.18）式中，x_i，$i = 1$，2，$\cdots$，7 依次表示小麦、稻谷、玉米、大豆、棉花、花生和油菜籽的种植面积比例，并且该式中所给出的系数为 1992~2010 年的加总之和，其中由于 1991 年的系数较大，对模型系数产生的偏差较大，因此在加总过程中舍弃了。

"八五"到"十一五"期间，粮食作物中小麦的耕地资源流出方向为稻谷、大豆和油菜，而小麦、玉米和油菜是稻谷资源流进的主要来源，玉米的耕地资源流进方向主要源自大豆、棉花和花生，大豆耕地资源的流出主要是玉米，其对其他五种农作物都保持了较高的流进方向。经济作物中，棉花的资源流失现象突出，仅稻谷对其耕地资源流进做出了贡献，花生的资源流进源于稻谷和棉花，最后油菜的资源优势显著，流出方向仅为稻谷和大豆。

5.3 不同季作物之间土地资源流动的说明

本章 5.2 节在最优配置约束下，测算每种农作物相对于其他六种农作物的土地资源流动能力，这种作物之间的流动并没有严格地区分同季与不同季作物，并且在分析过程中对不同季作物之间的土地资源流动是默认存在的。

一般来说，对于具有位置固定与不可移动特性的土地，由于农业生产的地域性与季节性的特征，在江苏境内的同一块土地上，一年之内可以收获春夏与秋冬两季农作物，这样不同季作物之间的土地流动便看似有不合理之处。因为春夏与秋冬两季作物之间不存在交集，均是一季作物成熟收割之后，土地经过短暂的休整，下一季作物才开始生产，它们之间不存在"此消彼长"的联动关系。但是，每一种农作物播种面积的改变，表面上可以理解为不同农作物之间的土地资源流动的结果，这并不是其自身运动的结果，本质上是农户行为所决定的。

不同农作物之间的土地资源流动，实质上是农户对土地使用决策的变动。农户在对使用耕地进行决策时，往往会根据自身的种田经验与收益状况出发，做出最有利于自身的经营决策。本书认为影响农户决策的因素有以下三个方面：

1. 种植习惯的传承

当农户家庭条件与习惯不发生重大变化时，农户对耕地的使用，往往会沿承以前的种植模式，作物品种的选择与播种面积的变动较小，这种农户种田习惯的传承，保证历年农作物播种面积与产量的稳定。

2. 种植能力的变化

农户种植能力的变化，主要表现：一是因外出务工或劳动力迁移而造成的农业劳动力人数与务农时间的减少；二是土地征用过程中农户耕地面积的减少。尤其是农户的家庭农业劳动力的减少，而本书研究的 7 种农作物是大田栽培作物，也是劳动密集型的作物，当机械、技术等替代作用不能补充劳动力减少的影响时，必然会减少农作物的播种面积或改种劳动强度低的作物品种。这一方面，因种植业劳动力人数的下降，棉花种植面积的持续减少，就很好地说明这一观点。

3. 种植效益的作用

农户在常年的种植生产过程中，往往会比较自身已有的种植成本与收益，并观察比较周边农户行为、估测新型农技推广品种的风险、判断农产品市场行情等为下一阶段的种植决策做出一种收益预期。这种对已有的成本收益的归纳总结和对未来种植行为的预计，经济效益的变动对农户的影响是显著的。换言之，农户会依据对种植经济效益的预期，变更其以往的作物品种、生产方式与投入要素力度，这种追求利润最大化的行为，可看作是农户的一种理性选择。

由此，上述三种因素共同作用，一方面它保障江苏种植业生产上的播种面积与产量的相对稳定；另一方面，种植业外在生产条件的改变与追逐利润的行为，又引导了农作物向经济收益高的方向流动。这种"静"与"动"之间的博弈，表现为不同季农作物之间的种植面积的相互流动。因为农户出于长期种田传统与经济效益的考虑，而选择某种农作物在一定土地面积上种植，还需要其他一系列要素，如劳动力、劳动时间、技术、农资产品与资金的配套投入。这对作物生产来说，土地是它的一个要素，但不是唯一的决定要素，它需要其他要素的配套使用，才会保证较好的产出水平。

因此，土地资源在不同作物之间的流动，并不是土地"单独"的运动，而是一系列相关要素的联动。在不同季作物之间的土地流动，更多地是需要一系列的农业要素的配套流动。

5.4　江苏不同季作物土地资源的配置效率对比分析

继5.3节对模型中不同季作物流动情况进行了解释说明，本节将重新对模型中江苏省春夏与秋冬两季作物进行分组估计，通过比对该两组作物的土地资源流动情况与5.2节整体模型估算结果之间的差异来检验上述解释说明的科学性与合理性。

江苏省地理区位介于东经116°18′~121°57′，北纬30°45′~35°20′，地处江淮平原，地形平坦，多以平原为主，平原面积7万平方公里，主要有苏南平原、苏中江淮平原与苏北黄淮平原组成。江苏位于亚洲大陆东岸中纬度地带，属东亚季风气候区，处在亚热带和暖温带的气候过渡地带，一般以淮河、苏北灌溉总渠一线为界，以北地区属暖温带湿润、半湿润季风气候，以南地区属亚热带湿润季风气候[1]。上述地理特征与气候条件，

---

① 中国天气网，http://www.weather.com.cn/jiangsu/jsqh/jsqhgk/08/910774.shtml。

江苏省种植业在中国种植业区划中可归类为黄淮海棉麦油烟果区与长江中下游稻棉油桑茶区。该区域种植业基本形成按照作物收获季节分为两大类：（1）春夏收作物是指上一年秋冬季节播种当年春夏收获的农作物，主要有小麦、大麦、油菜、硬豌豆与马铃薯等；（2）秋收作物主要指当年春夏和秋冬季节播种，当年秋冬季收获的农作物，如水稻稻、棉花、玉米、大豆与花生等。

5.4.1   春夏季作物的土地资源配置效率分析

利用 5.3 节资源配置模型，测算江苏省春夏季作物土地资源的配置效率。对比表 5 - 8 与表 5 - 1 中小麦对油菜籽的土地资源流动值可以发现，两者的流动方向在 1994 ~ 2007 年保持一致，并且整个研究期内小麦对油菜以资源流进较多，表现出一定的相对优势。自"十五"时期到"十一五"时期江苏省小麦的土地资源流向由持续负向转变为正向的资源流进状态，小麦与油菜的种植面积比也得以逐步回升（见图 5 - 1）。小麦种植优势的恢复，主要归因于江苏省小麦机械化投入的普及，在种植业劳动力流失与用工成本上升的现阶段，小麦种植不同阶段的可机械化程度大大地缓解目前种植业面临的上述压力，使得大田类作物的优势得以重新发挥。对比于油菜种植现状，由于食用油市场价格的上涨带动油菜籽收购价格的增长，由此导致在种植收益方面油菜籽相对于粮食作物而言具有更多优势，但油菜的生产过程中劳动力要求较高与机械化程度不够深化的双重约束下，江苏省油菜种植面积较"十五"期间已经减少约20%的播种面积。

表 5 - 8   1991 ~ 2010 年江苏省小麦对油菜籽的土地资源流动值

年份	小麦—油菜籽	小麦与油菜价格比（%）	小麦对油菜种植面积比
1991	0. 1891	43. 39	4. 898
1992	0. 0466	50. 96	4. 891
1993	- 0. 113	46. 67	4. 979
1994	0. 1324	43. 01	4. 093
1995	0. 0376	55. 75	4. 052
1996	0. 0237	64. 13	4. 45
1997	0. 068	55. 46	4. 94
1998	- 0. 044	50. 29	4. 937

年份	小麦—油菜籽	小麦与油菜价格比（%）	小麦对油菜种植面积比
1999	-0.192	54.03	4.34
2000	0.1147	60.01	3.005
2001	-0.018	58.12	2.515
2002	-0.152	56.62	2.568
2003	-0.162	47.64	2.372
2004	-0.105	54.87	2.321
2005	-0.045	61.45	2.55
2006	-0.068	61.3	3.64
2007	0.0276	43.05	4.695
2008	0.1919	32.26	4.561
2009	0.0138	52.37	4.362
2010	0.0522	49.53	4.549

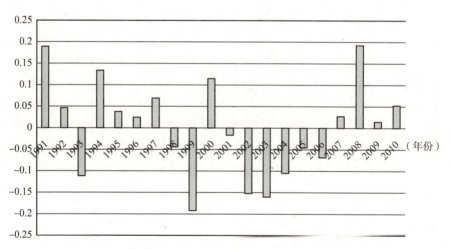

图 5-1   江苏省 1991~2010 年小麦—油菜的土地资源流动值

5.4.2   秋冬季作物的土地资源配置效率分析

本节测算江苏省秋冬季农作物的土地资源的配置效率，主要分析稻谷、玉米、大豆、棉花与花生 5 种作物的土地资源流动情况。表 5-9 中依次给出上述 5 种农作物的资源流动值并对比于表 5-2~表 5-6 中的数据，发现两者的流动方向一致性达到 65%①。从各种作物的详细流动情况来看，稻谷对其他四类农作物的流动表现出震荡趋势，土地资源流动方向不稳定，仅棉花对稻谷表现较强的资源流出。粮食作物中玉米表现为土地资源一进一出一平衡的现状，玉米对大豆表现为资源流出而其对花生表现为资源流进，其与棉花之间则是震荡交替的流动方向。大豆对玉米、棉花与花生表现出强有力的相对优势，玉米、棉花与花生是大豆土地资源流进的主要贡献者，而大豆与稻谷之间的流动则相对呈现震荡起伏的趋势。然而大豆土地资源流进并未造成江苏省大豆种植面积的快速增长，却是面积多年的稳定趋势，这主要是江苏大豆的机械化程度与分散农田模式之间的矛盾。花生是棉花资源流进的源泉，在现阶段花生、棉花与大豆均受到种植业劳动力减少的不利影响，劳动密集型投入的农作物生产在机械替代效率不高的情况下，必然导致种植面积与产量的徘徊不前。

表 5 – 9　　　　　1991 ~ 2010 年江苏省秋冬季作物的土地资源流动值

年份	稻谷—玉米	稻谷—大豆	稻谷—棉花	稻谷—花生	玉米—大豆	玉米—棉花	玉米—花生	大豆—棉花	大豆—花生	棉花—花生
1991	0.0269	− 0.2002	0.2298	− 0.2082	− 1.0415	0.9995	− 1.1594	0.2277	− 0.1143	− 0.2065
1992	− 0.0243	0.0133	− 0.0335	0.2075	0.1697	− 0.0796	1.1881	− 0.02	0.1956	0.0802
1993	− 0.726	− 6.0563	0.3563	− 0.0557	3.1796	2.9201	1.2791	0.7199	0.18	− 0.1563
1994	0.0453	0.0267	0.1459	0.2261	− 0.1256	0.4627	0.8612	0.0783	0.1571	0.0179
1995	− 0.0795	− 0.2995	0.0214	− 0.0368	− 0.6659	0.2447	0.1586	0.0894	0.1284	− 0.0223
1996	− 0.0349	− 0.08	0.1708	− 0.0126	− 0.1744	0.7738	0.0693	0.1419	0.0423	− 0.1091
1997	0.492	0.5605	− 0.1555	0.23	0.4034	− 1.668	− 0.4356	− 0.2661	− 0.1279	0.1894
1998	0.1736	− 0.4868	− 0.0123	0.1534	− 2.7456	− 0.4568	0.032	0.1494	0.4104	0.0717
1999	− 0.0614	0.0598	0.0976	− 0.2647	0.5523	0.6295	− 0.9397	0.0353	− 0.2479	− 0.2224
2000	0.1105	0.258	0.1667	0.5573	0.601	0.4777	2.1572	0.0179	0.2415	0.1485
2001	− 0.2584	− 0.1442	− 0.1366	− 0.1185	0.5875	0.1744	0.3619	− 0.026	− 0.0118	0.0136
2002	0.1754	0.2318	0.0981	0.8549	0.2073	− 0.0213	2.8466	− 0.0211	0.3872	0.284
2003	0.7157	0.2215	0.2431	− 0.001	− 1.3498	− 0.4191	− 1.9779	0.0515	− 0.0978	− 0.1119
2004	0.097	0.4189	− 0.0776	− 0.2916	1.3805	− 0.5597	− 1.6477	− 0.1737	− 0.3816	− 0.0675
2005	− 0.0817	− 0.4627	− 0.1762	0.0725	− 1.7777	− 0.6366	0.6532	0.0414	0.2736	0.1203

① 表 5 – 9 与表 5 – 2 ~ 表 5 – 6 中的流动方向不一致的年份数量依次为 6，9，8，7，6，5，7，6，7，6 个，均值为 6.7 个，因此这两组数据的差异程度约为 33.5%。

续表

年份	稻谷—玉米	稻谷—大豆	稻谷—棉花	稻谷—花生	玉米—大豆	玉米—棉花	玉米—花生	大豆—棉花	大豆—花生	棉花—花生
2006	-0.3367	-0.482	-0.1407	0.1321	-0.3927	0.2681	1.7845	0.0699	0.328	0.1427
2007	0.6313	0.1433	0.1583	-0.0234	-1.758	-1.0519	-1.7298	0.0281	-0.0879	-0.0839
2008	0.5479	0.6383	0.6121	-0.1296	-8.8285	-0.9895	-3.4909	0.2192	-0.3066	-0.3379
2009	-0.2301	-1.3371	0.7807	0.3622	-0.8789	7.7744	2.0845	1.1419	0.3236	0.0513
2010	-0.7234	-2.5335	-0.2746	-0.1143	-7.465	-1.2415	-0.1185	-0.1496	0.0833	0.1781

5.4.3 两组农作物土地资源流动的对比分析

本章 5.2 节测算未分不同季节的江苏省七种农作物之间的土地资源流动情况，其后 5.4 节按照农作物收获季节的差异将农作物分成春夏季与秋冬季两组就行重新测算，对比上述两种方法的模型估计结果，显示两者之间流动方向的一致性约为 70%，也表明两者之间的误差程度不高。

本书认为，造成上述两种方法估算结果的误差主要是农作物土地资源的"广义流动"与"净流动"之间的差异。"净流动"指排除掉不同季作物而单独地分析同季作物之间的土地资源流动情况，这样可以表示成不同农作物之间的土地资源的"此消彼长"关系，是单一的农作物土地要素之间的变化。"广义流动"是指不区分农作物的季节特性，而将所有农作物放置在一个系统内研究，这样分析的基础与原因是基于 5.3 节的解释说明，土地资源在不同农作物之间的流动，并不是土地要素"唯一运动"的结果，而是一系列相关联的种植业资源要素的联动，这样农作物的土地资源流动是所有要素之间运动的一个外在表现，并且这也更加符合种植业资源配置的现实情况。因此，本章对江苏省七种农作物的土地资源的配置效率的研究，未区分农作物的季节特性，而将其混合在一个模型系统中进行土地资源的配置效率测算。

5.5 江苏省农作物土地资源流动的内在机制探讨

5.2 节利用农作物播种面积、产量和价格数据，在土地资源最优配置条件下测算江苏每种农作物的土地资源流动情况，土地资源的流进与流出反映出土地要素在不同农作物之间的配置状况。因此，不仅需要掌握资源在作物之间的流动方向，而且还要了解土地资源流动背后的内在原因是什么。

我们知道，某种农作物土地资源流动的原因主要来源于两个方面：一是该农作物本身的种植方式和经济收益；二是其他农作物的种植方式与收益。这两方面原因的对比，也就形成农作物的资源流动趋向。

到"十一五"后期，作为夏粮主体的小麦，其对棉花与花生逐渐恢复资源流进，而对油菜籽的优势仍在流失。再从江苏省小麦种植面积来看（见附录表1与图5-2），大体上呈现出 U 型变化，2000～2004 年出现最低，2005 年开始增速恢复。小麦的资源优势回流，主要得益于大田作物的机械化率较高，在江苏省种植业劳动力人数和耕地面积不断减少的严峻局势下，作为劳动力替代的机械投入不断加大，从而带来小麦播种面积和单产的提高。

图5-2　江苏省历年主要农作物的种植面积

作为小麦同季的农作物油菜籽而言，从图5-2可以发现，小麦面积的下降区间正好对应油菜籽的上升区间，并且从资源配置结果来看，小麦是油菜籽资源流进的主要来源，油菜籽表现出较强的优势和边际价值。然而自2006年以来，油菜籽的种植面积出现下降势头，从2006年的525.47千公顷减少到2010年的460.08千公顷，总产量也从129万吨下降到

112.44 万吨，并且从目前对油菜种植的机械技术条件来说，油菜生产环节（耕整、开沟、播种、收获、烘干与秸秆还田等）全程机械化程度不高，仍处于试验、示范与推广阶段，这在江苏省种植业从业人员数不断减少的情况下，需要大量劳动力生产的传统作物势必受到影响。可以预见，未来几年江苏省油菜种植将徘徊在现有水平上。

另一种经济作物棉花也面临上述同样的问题，江苏省棉花资源流失最为严重，并且种植面积萎缩显著。棉花是传统劳动密集型作物，虽然现阶段技术条件下实现了机耕与机械植保，但棉花的采收还完全依靠人工，人工采收棉花已成为棉花规模化生产的严重障碍。由此可见，需要大量农业劳动力支撑同时机械化程度偏低，就直接导致在农业劳动力向城镇转移过程中，棉花种植面积的锐减，棉花的土地资源流失也就变得合情合理了。

作为秋粮种植的主体稻谷来说，由于耕地面积和粮食基本需求的双重要求，江苏省水稻生产保持了多年的稳定态势，但是 2003 年江苏省同全国主要粮食产区一样，经历了历史低谷期，后在一系列国家税费和补贴政策的拉动下，粮食生产开始逐年恢复。从稻谷对粮食生产的绝对地位来说，稻谷生产随着粮食需求上升，种植面积会继续小幅度地增长，并且随着技术条件和科研投入加大，稻谷单产也会继续增加，两方面保证了在粮食需求增长的约束下，粮食生产的稳定与安全。

另外，从演化方程（5.18）结果来看，大豆的资源流进方向是明显的，大豆种植面积在近 20 年内基本稳定，无明显波动。随着目前国内大豆需求上涨，并且国产大豆供给量与大豆市场需求量之间缺口越来越大，进口大豆量逐年上升，同时大豆价格上涨，这些外在条件下，一方面会促进农民种植大豆的意愿，另一方面也会引起政府组织的重视，大豆生产量与需求量之间的巨大缺口，不可能放任其继续恶化下去，这对新一轮的种植业结构调整提出要求与对策。

玉米和花生在近 20 年内，种植面积呈现微量下降趋势，资源流动表现为进出平衡的态势，其中花生"十五"期间保持较高的种植面积，但这种局面并没有维持，"十五"末期开始迅速回落，而作为工业和饲料产业主要原料的玉米，江苏省玉米种植面积变动不大。这两者的发展历程，均受到种植业劳动力人数下降的不利影响，机械化投入程度偏低的现状，无法弥补劳动力下降带来的影响，使得这种劳动密集型的种植业发展缓慢。

综上所述，在最优资源配置条件下讨论各种农作物资源流动，其背后存在着深刻的内在原因。在江苏省耕地面积和种植业劳动力不断减少的情况下，机械化投入成为劳动力的替代要素，在可以机械化运作的条件下，一部分农作物经历资源流出的劣势后出现资源回流，如小麦与稻谷；而另一部分因机械化程度不高，则出现由相对优势逐渐流失的局面，如油菜籽与棉花。

5.6　小　结

"八五"期间，粮食作物对经济作物的相对优势明显，整体上呈现出正向流动，其中小麦、玉米和大豆优势显著，稻谷次之。而经济作物对粮食作物的优势流失，整体上反向流动占据主导地位，经济作物的边际价值在降低。

"九五"期间，粮食作物对经济作物的优势在减弱，经过震荡调整后，到"九五"末稻谷、玉米和大豆又恢复到资源流进的局面，相对优势得以恢复。

"十五"期间粮食作物对经济作物的相对优势在震荡调整中逐渐流失，其中以玉米和大豆的负向流动最为明显，稻谷次之，小麦的优势得到恢复，而同期经济作物中油菜对粮食作物的优势开始凸显，表现出较强的正向流动趋势。

"十一五"期间，粮食作物对经济作物的优势并没有得到全面恢复，仅小麦和稻谷对棉花表现出持续的正向流动。而这一时期，反观经济作物对粮食作物的资源流动，其中花生和油菜籽到末期实现了正向流动，相对优势得到一定恢复，但是棉花的资源流出现象却持续恶化，相对优势进一步减少。

从整个研究期来看，土地资源大体上呈现从粮食作物向经济作物的流动趋势，从演化方程式（5.18）可发现，油菜籽代表资源流进方向的正系数显著，表明油菜籽在土地资源流动中具有较强的优势，其边际价值升高。资源流向趋势的存在暗含着该类作物具备相对优势和较强的边际价值，应当大力培育、发展和深层次地挖掘潜力，提高其经济效益。

在江苏省耕地面积和种植业劳动力人数不断减少的不利局面下，将传统种植业向现代化种植业发展已是当务之急，所以应当利用现有的农作物资源流动趋势，稳定粮食生产的前提下，对大田类作物应继续加强现代化生产手段，同时对劳动密集型作物的生产而言，劳动力的减少应当通过增加机械投入这一途径来替代，所以加大专业化机械研发力度，合理引导和使用农业机械，提高单位劳动生产率，同时加强生物和化学技术对农业生产的改造和提升。

第 *6* 章

江苏省种植业结构变动的效率分析

上一章分析种植业结构变动与土地资源的配置效率，模型得到每种农作物的土地资源流动能力值 $a_{ij} \neq 0$，各种农作物之间仍然存在着微量流动，这暗示江苏省种植业之间的土地资源仍未达到最优配置效率。面对这种农作物间土地资源的非最优配置效率，如何调整种植业结构与投入要素比例，使其达到土地资源的最优配置的问题应运而生。本章认为，通过对种植业结构变动的生产效率分析，提高各种农作物投入要素的产出水平，是促进种植业结构朝向于最优生产效率与要素最优配置效率变动的有效途径。

6.1 种植业结构变动的生产效率概论

种植业结构是在遵循自然和经济规律的基础上，将有关种植业自然资源与社会经济资源作为其生产要素而进行组合所形成的各种农作物生产系统的配比关系，这种关系并不是随地区和时间变化而固定不变的。通俗来讲，种植业结构变动可以理解为种植业内部各种农作物在种植业整体中的所占份额的变动，也可以进一步深入各种农作物内部，用各种投入要素量与产出量的变化来度量。

在本章对结构变动的效率分析之前，存在着两个易于混淆的概念，即结构变动效率与结构效率变动。这两者是不全相同的概念，前者关注结构变化所引致的效率变化，是考察某产业结构的变化是否驱动该产业生产效率的改进，而后者是对结构效率的高低做出评价，并关注这种效率的变化情况。但可以认为两者研究目标是一致的，即为了合理调整种植业结构，有效利用生产资源，提高种植业生产经济效益。本书研究关注前者，即种植业结构变动的效率分析。

测算结构变动的效率中，面临一个重要的问题，就是构建结构变动的方法，这主要有两种：（1）宏观层面上，即常说的基于某一角度来计算各种作物占所有作物的比重变化，可以是总产值、种植面积或劳动力投入量等，以此来表示种植业结构变动，常采用的指标方法有结构变异度（李玉凤、高长元，2008）、区位商（周一星，1995；梁书民，2006），或者直接采用相关比值法，这些方法更多地是用于定性地探讨种植业结构变动（演变）的空间分布与原因，在此基础上提出种植业的调整优化策略；（2）微观层面上，从各种农作物投入量与产出量的变动来考察，通过进行自身纵向比较，形成每一种农作物的变动量数据，再结合效率评价模型（数据包络分析、随即前沿函数或回归分析等），来研究这种投入变动量与产出的变动量之间的效率大小和变化。

在微观层面上使用历年各种农作物投入与产出数据进行自身纵向比较，同样涉及如何构建指标的问题。（1）将本年度的投入量与产出量分别减去上一年度的数值，这样形成差分数据，这是一种十分完美且便于操作的处理方式，但利用相关模型（如 DEA 或 SFA）计算时，却面对"负数"无法识别的困难，即使对差分数据进行变号处理，同样会给模型的解释带来困惑；（2）将本年度的投入量与产出量分别除以上一年的数值，用比值来表示每一种作物的结构变动，这一方法避免了负值数据效率模型不能识别的困难，也能比较好地概括投入量与产出量之间递增或递减的变动关系。

本章研究基于微观层面的种植业结构变动的效率分析，从各种农作物投入与产出角度，利用投入要素和产出的变动，来分析投入要素变动与产出变动之间是否达到最优效率，即投入要素的变动量是否"生产"最优的产出量，并探讨影响最优产出量的原因。概括来说，从定量的角度来测定江苏种植业结构变化所引起的生产效率的变化，并找出引起生产效率变化的因素。

6.2　生产效率模型

用于生产效率测算与分析的方法主要有两类：（1）非参数方法，如指数法和数据包络分析方法；（2）参数方法，如修正的最小二乘法与随机前沿分析法。相对于参数模型而言，DEA 模型主要优点有：不用事先设定函数形式，这样不仅省去设定函数形式的麻烦，而且可以避免因函数形式设定不当而产生的错误；DEA 模型不需要价格资料即可提供规模效率的信息；适用于多投入与多产出的系统。另外，考虑到江苏种植业内部各种农作物的生产差异性较大，不宜设定统一的生产函数形式，而采用非参数分析方法则较为稳妥。

自 20 世纪 70 年代末福尔松（Forsund）和亚尔马松（Hjalmarsson，1979a）① 采用面板数据应用确定性前沿生产函数模型以时间趋势变量对技术变迁率进行估算以来，这类模型的一个重要发展就是在概念与经验估算上将生产率拆分为技术进步、技术效率变化和规模效率三部分（Nishimizu & Page，1982；Forsund & Hjalmarsson，1979b），以数据包络分析为基础的 Malmquist② 指数法生产效率模型即属于这样一类模型。

Malmquist 生产效率指数是运用距离函数（Distance Function）来定义，反映生产决策单位与最佳实践面的距离。本章把江苏省种植业每种作物看作一个生产决策单位，构造在每个时期种植业的生产最佳实践前沿面，并把每种作物产出与最佳实践前沿面进行比较，从而对效率变化和技术进步进行测度。

费尔（Fare）、格罗斯科尔夫和洛弗尔（Grosskolf & Lovell，1994）提出基于产出的 Malmquist 生产率指数可表示为：

$$M_o^t = \frac{D_o^t(x^{t+1}, y^{t+1})}{D_o^t(x^t, y^t)} \quad (6.1)$$

其中，这里 D_o 表示距离函数，下标 o 表示基于产出的距离函数，（6.1）式中的 Malmquist 指数测度了在时间 t 的技术条件下，从时间 t 到 $t+1$ 的技术效率的变化。类似地，可以定义在时间 $t+1$ 的技术条件下，测度从时间 t 到 $t+1$ 的技术效率变化的 Malmquist 生产效率指数：

$$M_o^{t+1} = \frac{D_o^{t+1}(x^{t+1}, y^{t+1})}{D_o^{t+1}(x^t, y^t)} \quad (6.2)$$

为避免在选择生产技术参照系时的随意性，把以产出为指标的 Malmquist 指数特定为上述两个 Malmquist 指数的几何平均值，即用（6.1）式与（6.2）式两个 Malmquist 生产率指数的几何平均值来衡量从 t 时期到

---

① 郑京海，胡鞍钢. 中国改革时期省际生产率增长变化的实证分析（1979 - 2001 年）［J］. 经济学（季刊），2005（1）.

② 宫俊涛，孙林岩，李刚. 中国制造业省际全要素生产率变动分析——基于非参数 Malmquist 指数方法［J］. 数量经济技术经济研究，2008（4）.

$t+1$ 时期的生产效率变化。如该指数大于 1 时，表明从 t 时期到 $t+1$ 时期全要素生产率是增长的。

$$M_o(x^{t+1}, y^{t+1}; x^t, y^t)$$

$$= \left(\frac{D_o^t(x^{t+1}, y^{t+1})}{D_o^t(x^t, y^t)} \cdot \frac{D_o^{t+1}(x^{t+1}, y^{t+1})}{D_o^{t+1}(x^t, y^t)} \right)^{\frac{1}{2}}$$

$$= \frac{D_o^{t+1}(x^{t+1}, y^{t+1})}{D_o^t(x^t, y^t)} \cdot \left(\frac{D_o^t(x^{t+1}, y^{t+1})}{D_o^{t+1}(x^{t+1}, y^{t+1})} \cdot \frac{D_o^t(x^t, y^t)}{D_o^{t+1}(x^t, y^t)} \right)^{\frac{1}{2}}$$

$$(6.3)$$

除非特别说明，在所有有关 Malmquist 指数的定义中均假设生产技术的规模效益不变，并且式（6.3）中指数可以被看成两个部分的乘积，即：

$$技术效率变化（TE） = \frac{D_o^{t+1}(x^{t+1}, y^{t+1})}{D_o^t(x^t, y^t)} \qquad (6.4)$$

$$技术进步率（TP） = \left(\frac{D_o^t(x^{t+1}, y^{t+1})}{D_o^{t+1}(x^{t+1}, y^{t+1})} \cdot \frac{D_o^t(x^t, y^t)}{D_o^{t+1}(x^t, y^t)} \right)^{\frac{1}{2}} \quad (6.5)$$

上述（6.3）式 Malmquist 生产效率指数总体上可以分解为技术效率变化指数（TE）和技术进步指数（TP）两项，TE 是指规模报酬不变且要素自由处理条件下的效率变化指数，它测度从时间 t 到 $t+1$ 每个观测对象到最佳实践边界的逼近程度，而技术效率变化指数又可以进一步分解为纯技术效率变化指数（PE）和规模效率变化指数（SC），另外，TP 指数则测度生产技术的前沿边界沿着产出增加方向，从时间 t 到 $t+1$ 的移动。

测度 Malmquist 生产效率指数时，需要计算距离函数 $D_o^t(x^t, y^t)$、$D_o^t(x^{t+1}, y^{t+1})$、$D_o^{t+1}(x^t, y^t)$、$D_o^{t+1}(x^{t+1}, y^{t+1})$，这些距离函数的计算可借助线性规划的方法来实现。为采用非参数规划技术来计算 Malmquist 指数，我们假设有 $k=1, 2, \cdots, K$ 种农作物，在 $t=1, 2, \cdots, T$ 中每个时刻，使用 $n=1, 2, \cdots, N$ 个投入要素，于是每期每种投入要素表示为 $x_n^{k,t}$，这些投入要素被用来生产 $m=1, 2, \cdots, M$ 个种类的产出 $y_m^{k,t}$，并且假设每个投入与产出的观测值都为正数。测算第 k' 种农作物在时刻 t 和 $t+1$ 之间的生产效率，上述四个距离函数则转换成四个不同的线性规划问题。以 $D_o^t(x^t, y^t)$ 来说，对于每个 $k'=1, 2, \cdots, K$ 农作物，有

$$\left[D_o^t(x^{k',t}, y^{k',t}) \right]^{-1} = \max \theta^{k'}$$

$$s.t. \begin{cases} \theta^{k'} \cdot y_m^{k',t} \leqslant \sum_{k=1}^{K} z^{k,t} \cdot y_m^{k,t}, \ m = 1, 2, \cdots, M \\ \sum_{k=1}^{K} z^{k,t} \cdot x_n^{k,t} \leqslant x_n^{k',t}, \ n = 1, 2, \cdots, N \\ z^{k,t} \geqslant 0, \ k = 1, 2, \cdots, K \end{cases} \quad (6.6)$$

上面线性规划问题是以数据包络分析和距离函数估算的基础，文献中称为 DEA 效率估算，有关 $D_o^{t+1}(x^{t+1}, y^{t+1})$ 的线性规划问题与上面所述问题类似，但需要将 t 时刻改为 $t+1$ 时刻。另外两个用来估算 Malmquist 生产效率指数距离函数需要同时使用两个时刻的数据，再以 $D_o^t(x^{t+1}, y^{t+1})$ 来说，对于每个 $k' = 1, 2, \cdots, K$ 农作物，有

$$\left[D_o^t(x^{k',t+1}, y^{k',t+1}) \right]^{-1} = \max \theta^{k'}$$

$$s.t. \begin{cases} \theta^{k'} \cdot y_m^{k',t+1} \leqslant \sum_{k=1}^{K} z^{k,t} \cdot y_m^{k,t}, \ m = 1, 2, \cdots, M \\ \sum_{k=1}^{K} z^{k,t} \cdot x_n^{k,t} \leqslant x_n^{k',t+1}, \ n = 1, 2, \cdots, N \\ z^{k,t} \geqslant 0, \ k = 1, 2, \cdots, K \end{cases} \quad (6.7)$$

6.3　样本、变量及数据的说明与处理

本章所用数据主要以农产品成本收益数据为主，数据来源于《全国农产品成本收益资料汇编》（2002～2011 年）、《中国农村统计年鉴》（1991～2011 年）和《江苏统计年鉴》（1991～2011 年）。其中，粮食作物为稻谷、小麦、玉米和大豆，经济作物为棉花、花生和油菜籽，共七种农作物。本章假设有 $k = 1, 2, \cdots, K$ 种农作物，在 $t = 1, 2, \cdots, T$ 中的每一个时刻，使用 $n = 1, 2, \cdots, N$ 种类投入要素，于是每一时期的每一种投入表示为 $\bar{x}_n^{k,t}$，这些投入要素被用来生产 $m = 1, 2, \cdots, M$ 种产出 $\bar{y}_m^{k,t}$。由于本章考察结构变动所带来的生产效率变动之间的关系，所以作为 DEA 分析的投入与产出指标分别为 $x_n^{k,t}$ 与 $y_m^{k,t}$，且有 $x_n^{k,t} = \dfrac{\bar{x}_n^{k,t}}{\bar{x}_n^{k,t-1}}$ 与 $y_m^{k,t} = \dfrac{\bar{y}_m^{k,t}}{\bar{y}_m^{k,t-1}}$。

原始农作物生产中投入变量为各种农作物播种面积、总产量、化肥使用量、机械作业费和人工成本费，产出指标为各种农作物总产值。从统计年鉴中获取的种植业相关数据，需要对得到的统计数据进行适当的处理

（见表 6-1）：（1）将各种农作物的每亩化肥使用量、每亩机械作业费和每亩人工成本（家庭用工折价与雇工费用之和）分别乘以播种面积，换算成各种农作物的整体投入要素的使用量；（2）产出表示为各种农作物的总产值，有总产值＝总产量×单位价格；（3）由于涉及价格因素的影响，将各年农作物的价格按农产品收购价格指数折减到1990年不变价格（见表6-2），另外，机械作业费与人工成本费用按农业生产资料价格指数折减到1990年不变价格。

表 6-1 模型变量构建方法

	变量名	指标	公式	解释说明
投入	化肥量	$x_1^{k,t}$	$x_1^{k,t}=\dfrac{\bar{x}_1^{k,t}}{\bar{x}_1^{k,t-1}}$	每亩化肥用量×播种面积
	机械费	$x_2^{k,t}$	$x_2^{k,t}=\dfrac{\bar{x}_2^{k,t}}{\bar{x}_2^{k,t-1}}$	每亩机械作业费×播种面积
	人工费	$x_3^{k,t}$	$x_3^{k,t}=\dfrac{\bar{x}_3^{k,t}}{\bar{x}_3^{k,t-1}}$	（家庭用工折价＋雇工费用）×面积
	面积	$x_4^{k,t}$	$x_4^{k,t}=\dfrac{\bar{x}_4^{k,t}}{\bar{x}_4^{k,t-1}}$	
产出	总产值	$y^{k,t}$	$y^{k,t}=\dfrac{\bar{y}^{k,t}}{\bar{y}^{k,t-1}}$	总产值＝总产量×单位价格

注：t 表示年份，k 表示农作物种类。

表 6-2 江苏省相关价格平减指数（上一年＝100）

年份	农产品收购价格指数	农业生产资料价格指数
1991	99.4	101.8
1992	102.8	102.9
1993	114.8	111.7
1994	148.8	121.5
1995	114.3	126.9
1996	102	106.6
1997	94.8	101.2
1998	94.6	92.5
1999	85.3	95.5
2000	100.5	98.9
2001	98.3	96.8

年份	农产品收购价格指数	农业生产资料价格指数
2002	97.28	99.3
2003	107.21	101.9
2004	122.68	112.3
2005	100.32	106.9
2006	99.92	101.7
2007	112.55	106.9
2008	114.32	117.3
2009	99.92	97.6
2010	108.8	104.2

注：农产品收购价格指数，在 2000 年之后更名为农产品生产价格指数。
资料来源：江苏统计年鉴、中国农产品价格调查年鉴和中国统计年鉴。

6.4 江苏省种植业结构变动效率的实证分析

6.4.1 种植业结构变动的技术效率及其变化趋势

表 6 - 3 给出江苏省历年种植业结构变动的技术效率值，该值为七种农作物的平均技术效率值。1991 ~ 2010 年，种植业结构变动的平均技术效率水平经历了剧烈波动过程，并且目前技术效率水平并没有超过 20 世纪初的技术效率水平，并且也是研究期内的最低技术效率值。"八五"、"九五"、"十五"和"十一五"期间 CRS 平均技术效率均值分别为 0.848、0.835、0.879 和 0.795。由此可见，江苏种植业结构变动的平均技术效率水平在这 20 年间并没有获得提高，反而出现下降。并从 CRS 技术效率的标准差来看，种植业结构变动的技术效率差异有明显的扩大趋势，尤其是1993 ~ 1994 年、1999 ~ 2000 年和 2008 ~ 2010 年，最低的技术效率均仅在0.5 左右，远低于最佳实践面，这说明由投入变动所带来的产出变动，两者间并未出现同方向的变动趋势，投入变动量所换取产出变动量不足，存在投入浪费现象。

表 6 - 3　　　　　　　　江苏省种植业结构变动的技术效率变化

年份	技术效率（CRS）	技术效率（VRS）	规模效率	技术效率（CRS，最小值）	技术效率（VRS，最小值）	技术效率（CRS，标准差）
1991	0.938	0.968	0.969	0.838	0.894	0.059
1992	0.841	0.971	0.86	0.509	0.83	0.189
1993	0.843	0.928	0.892	0.376	0.679	0.228
1994	0.7	0.927	0.751	0.567	0.826	0.151
1995	0.916	0.974	0.938	0.765	0.898	0.104
1996	0.932	0.959	0.969	0.725	0.821	0.099
1997	0.95	0.974	0.976	0.84	0.869	0.058
1998	0.85	0.975	0.872	0.668	0.845	0.121
1999	0.76	0.931	0.814	0.469	0.786	0.205
2000	0.681	0.956	0.713	0.491	0.889	0.165
2001	0.86	0.925	0.928	0.675	0.73	0.117
2002	0.878	0.927	0.944	0.76	0.846	0.115
2003	0.756	0.959	0.788	0.587	0.874	0.137
2004	0.955	0.976	0.979	0.87	0.878	0.052
2005	0.948	0.956	0.992	0.853	0.861	0.063
2006	0.945	0.963	0.982	0.879	0.917	0.044
2007	0.798	0.854	0.929	0.643	0.738	0.162
2008	0.735	0.968	0.756	0.503	0.868	0.156
2009	0.847	0.942	0.894	0.55	0.852	0.154
2010	0.648	0.985	0.657	0.56	0.941	0.158

　　对于同样数据，技术效率（TE）在 CRS 和 VRS 两种模型下的差异，主要源于生产单元规模是否处在最优状态这一假设下。如果生产单元 DMU 的规模是处在最优状态下，则两者所计算出来的技术效率是相等的。若生产单元的规模达不到最优时，则 CRS 与 VRS 所计算得到的技术效率是不同的，两者之间的差异是规模效率，它们之间的关系为 $TE_{CRS} = TE_{VRS} \times SE$。

　　从 VRS 技术效率来看，1991 ~ 2010 年技术效率均没有达到 1，表明近 20 年以来，江苏农作物结构变动都没有达到最优状态。从技术效率最大值来看，主要出现在 1998 年、2004 年与 2010 年。从历史角度来看这三年，1998 年是我国市场经济体制的正式确立，自 1982 年以来，我国经济加入市场调节成分并逐步认可市场经济的作用，到 1992 年提出建立和完善社会主义市场经济体制并进行积极探索与实践，经济形式的多样性给传

统种植业带来了机遇和发展空间，种植业结构经过前期的调整，在1998
年达到结构变动的最优技术效率。2004年国家放开粮食收购市场价格以及
实行粮食补贴政策，随后2006年起全国农村彻底取消农业税，这一系列
政策对农业、农村和农民产生直接的收益，从2005年开始，江苏省粮食
作物和经济作物产量出现逐年增长的情形，农村税费改革和国家粮棉油收
购政策放开，鼓励和促进农业，尤其是种植业的结构调整优化，下一步如
何更好地促进种植业结构对生产效率的提高，是摆在农民和农业工作者面
前的首要任务。同时表6-3中规模效率波动也较为明显。总体而言，规
模效率同技术效率变化的方向基本一致，20年间也出现下降趋势（见图
6-1），说明江苏省种植业规模效率仍存在着巨大的提升空间。

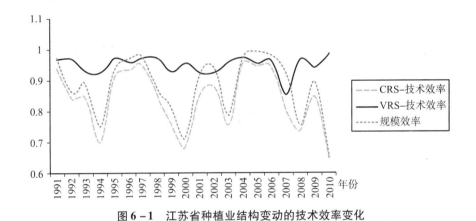

图6-1　江苏省种植业结构变动的技术效率变化

表6-3给出的是种植业结构变动的整体技术效率，更进一步，表
6-4分别给出每种农作物结构变动在CRS条件下的技术效率。以表6-3
中VRS最高技术效率将本章样本期分段，分别为1991~1998年、1999~
2004年和2005~2010年，这三个时间段内种植业平均CRS技术效率分别
为0.871、0.815和0.821，说明按种植业结构变动发展的时间段来看，江
苏省农作物总体上相对向生产前沿背离，结构变动对生产效率提升的作用
在弱化。具体来看，大豆和油菜籽两种农作物的技术效率在持续恶化，三
个时间段内这两种农作物结构变动的技术效率分别0.901、0.854；0.815、
0.867和0.807、0.807，两者的技术效率下降明显。稻谷、玉米、棉花和
花生4种农作物在上述三个时间段内的技术效率呈现U型变动，但第三个
时期回升的平均技术效率都没有达到1991~1998年这一时间段的水平。

另外，江苏省小麦的技术效率出现倒 U 型变化，分别为 0.831、0.859 和 0.814，表明 2005 ~ 2010 年间小麦的技术效率出现下降趋势。概括上述三个时间段，江苏省在机械与农业科技投入不断加大的外部条件下，七种作物结构变动的技术效率并没有保证较高的稳定提升势头，反而有技术效率恶化的现象。可见，阻碍农作物技术效率改进的因素在现阶段仍是存在的。

表 6 - 4　　　　　　　　CRS 条件下的每种农作物的技术效率

年份	小麦	稻谷	玉米	大豆	棉花	花生	油菜籽
1991	0.838	1	0.93	0.969	1	0.894	0.934
1992	1	0.713	0.907	1	0.509	1	0.758
1993	0.727	1	1	0.376	0.905	1	0.891
1994	0.709	0.747	0.596	1	0.702	0.567	0.577
1995	0.862	0.8	1	0.986	1	0.765	1
1996	1	0.933	0.725	1	1	0.97	0.898
1997	0.84	0.939	0.94	1	1	1	0.931
1998	0.668	1	1	0.875	0.801	0.767	0.84
1999	1	0.585	0.791	0.638	0.469	0.834	1
2000	0.607	0.652	0.491	0.755	1	0.694	0.568
2001	1	0.899	1	0.819	0.675	0.787	0.842
2002	0.76	0.819	0.779	1	1	1	0.789
2003	0.784	0.739	0.609	0.775	0.796	0.587	1
2004	1	0.963	1	0.904	0.87	0.949	1
2005	0.987	1	0.935	0.853	0.977	1	0.866
2006	0.948	0.942	1	0.929	0.917	1	0.879
2007	0.679	0.648	0.713	1	0.643	0.917	0.985
2008	0.81	0.795	0.692	0.708	0.635	0.503	1
2009	0.9	0.848	0.912	0.754	0.967	1	0.55
2010	0.562	0.639	0.589	0.6	1	0.585	0.56

为使种植业结构变动所带来的生产效率达到较高的水平，可以利用 DEA 模型的投影进行投入量削减，也可以利用模型进行产出增加，以保证资源和要素的优化配置。从表 6 - 4 中各种农作物的 CRS 技术效率值来说，江苏省农作物结构变动的技术效率达不到多数的最优，这取决于种植业内部各种农作物的种植的特性和相对差异性，影响的因素也是多方面的。

下面以 2010 年为例，分析削减投入的方法（产出不变投影），进行资源合理配置，将非有效的决策单元调整为有效。从表 6 - 4 可以看出，2010 年除去棉花外，其他农作物的技术效率均不超过 0.7，离最佳前沿面距离较远，以棉花投入产出变动为参考，这些农作物在保证产出不变的情况下，必须调整其他农作物的投入量，投入要素的变动比例存在着较大的改进空间，具体的调整方法和数额在表 6 - 5 中给出，其他年份可以同样利用 DEA 模型的输出结果调整，使之得到机构变动的效率有效。

表 6 - 5　　　　　　　2010 年非有效农作物的产出不变投影

	投入变量	小麦	稻谷	玉米	大豆	花生	油菜籽
径向变动	播种面积	- 0.442	- 0.361	- 0.415	- 0.39	- 0.406	- 0.425
	化肥施用量	- 0.478	- 0.376	- 0.436	- 0.406	- 0.417	- 0.431
	机械作用费	- 0.470	- 0.414	- 0.489	- 0.473	- 0.434	- 0.538
	人工成本	- 0.52	- 0.407	- 0.486	- 0.417	- 0.489	- 0.515
松弛变动	播种面积	- 0.038	- 0.053	- 0.028	- 0.077	- 0.036	- 0.026
	化肥施用量	- 0.051	- 0.043	- 0.023	- 0.068	- 0.017	0
	机械作用费	0	- 0.065	- 0.055	- 0.13	0	- 0.097
	人工成本	- 0.017	0	0	0	- 0.029	- 0.022

2010 年棉花结构变动的技术效率最优，并以此为参照系，发现其他六种农作物的投影削减程度都很高，达到每种投入要素的 30% ~ 50% 不等，这说明以最优效率为参照对象的其他农作物生产存在比较严重的浪费。以稻谷结构变动为例，在保证 2010 年总产值比 2009 年增加 9.8% 的条件下，播种面积、化肥使用量、机械作业费和人工成本费用这四项投入要素量的最优变动分别只需原先的 58.7% 、59.77% 、58.28% 和 64.01% 。如果在原有的投入要素量不变情况下，同样也以棉花为参照系，则 2010 年的产出量应为 2009 年的 1.717 倍，远高于目前非最优状态下的 1.098 倍。因此，江苏省稻谷结构变动效率，不论从产出不变角度来优化各种投入要素量的比例，还是从投入量不变角度来提高产出量变动，这都需要积极调整和优化稻谷的生产结构，合理分配要素比例关系，还需要兼顾其他各种农作物的生产结构。

6.4.2　种植业结构变动的生产率变化

本节使用 1991 ~ 2010 年江苏省七种农作物关于投入量与产出量变动

的面板数据，在测算分析江苏种植业结构变动的技术效率变化后，本书还利用 DEAP2.1 软件计算 1991~2010 年间的江苏省种植业结构变动所引致的生产率的变化详情。通过测算 Malmquist 生产效率指数，可以更好地探讨历年江苏省种植业结构变动的生产效率变化。

　　模型分析结果显示出 1991~2010 年江苏省种植业结构变动的全要素生产率年平均增长为 0.1%，技术进步年平均增长 2.1%，技术效率年平均降低 2%（见表 6-6）。由此可见，江苏省种植业结构变动的全要素生产率的增长来源于技术进步，技术效率的降低阻碍生产率的增长。在现代种植业生产中，投入要素的种类和使用量增加，先进的技术设备、方法和理念不断地用于作物的生产过程中，这提高各种作物的产出水平，但要素投入的技术效率并没有最优地发挥出来，存在着制约种植业技术效率提升的因素。

表 6-6　　　　　　　　　种植业全要素生产率变化率及其组成

年份	技术效率	技术进步	纯技术效率	规模效率	TFP
1992/1991	0.876	1.478	1.002	0.874	1.294
1993/1992	0.983	0.748	0.948	1.036	0.735
1994/1993	0.853	1.575	1.006	0.848	1.343
1995/1994	1.325	0.721	1.053	1.258	0.955
1996/1995	1.018	0.792	0.983	1.035	0.806
1997/1996	1.023	1.013	1.016	1.007	1.037
1998/1997	0.888	0.974	1.001	0.887	0.865
1999/1998	0.872	1.466	0.953	0.915	1.279
2000/1999	0.906	0.932	1.029	0.88	0.844
2001/2000	1.282	0.85	0.964	1.33	1.09
2002/2001	1.022	1.01	1.005	1.016	1.032
2003/2002	0.855	1.071	1.035	0.826	0.915
2004/2003	1.28	0.88	1.018	1.257	1.126
2005/2004	0.992	0.753	0.979	1.013	0.747
2006/2005	0.997	1.306	1.008	0.989	1.302
2007/2006	0.831	1.178	0.878	0.946	0.979
2008/2007	0.919	0.899	1.144	0.803	0.826
2009/2008	1.157	0.976	0.973	1.189	1.129
2010/2009	0.762	1.338	1.048	0.727	1.019
平均值	0.98	1.021	1.001	0.979	1.001

从 $TFP = TE_{VRS} \cdot SC \cdot TP$ 来看，规模效率是影响 TFP 大小的一个因子，它正比于全要素生产率，当规模效率大于 1 时，它会促进 TFP 提高。近 20 年来，种植业结构变动的规模效率平均降低 2.1%，对于投入量和产出量而言，两者之间没有达到规模报酬不变的条件，这表明种植业规模效率提高，是提高 TFP 的一个途径。

1991～2010 年这 20 年里，种植业结构变动的 TFP 呈现剧烈的波动性，生产率负向增长与正向增长交替出现，但正增长的幅度都不高，最大生产率增长幅度仅为 34.3%，这说明了种植业结构变动所引起的生产率的增长趋势是不稳定的，投入量与产出量的剧烈变动不利于全要素生产率的稳定增长。

表 6-7 是各种作物 TFP 变化率及其组成。1991～2010 年，有四种农作物的全要素生产率增长率为负，即小麦、稻谷、玉米和大豆，其中玉米的生产率降低最严重，生产率增长率以平均 0.8% 的速度下降，并且这四种农作物的生产率降低的原因相同，即技术效率和规模效率的降低导致全要素生产率的降低。生产率获得提升的农作物有三个，其中棉花的提升幅度最大，达到平均 2.1% 的增长速度，并且棉花的技术效率和规模效率达到最优状态。在这三种生产率提升较大的农作物中，限制它们的生产率提升的部分主要来源于技术进步和规模效率。对这七种农作物来说，技术进步对结构变动的效率产生了积极作用，而技术效率和规模效率的降低成为制约生产效率提升的一个因素，提高和优化技术效率和规模效率是促进种植业结构变动朝有利于生产效率发展的一个方向。

表 6-7　　　　各种农作物的全要素生产率变化率及其组成

农作物	技术效率	技术进步	纯技术效率	规模效率	TFP
小麦	0.979	1.02	1.005	0.974	0.999
稻谷	0.977	1.017	0.999	0.978	0.993
玉米	0.976	1.015	0.997	0.979	0.991
大豆	0.975	1.017	1	0.975	0.992
棉花	1	1.021	1	1	1.021
花生	0.978	1.023	1.003	0.975	1.001
油菜籽	0.973	1.032	1.003	0.97	1.005

6.5 小　结

本章主要定量分析江苏省种植业结构变动的效率变化，利用各种农作物投入要素和产出量的变动，来考察这两者之间是否达到最优效率。通过效率模型测算结果，主要的结论有下述三个：

（1）江苏省种植业结构变动的平均技术效率水平在这 20 年间没有获得提高，反而出现下降，并且从 CRS 技术效率的标准差来看，种植业结构变动的技术效率差异有明显扩大趋势。同时模型输出结果显示，结构变动的规模效率均小于 1，说明江苏省种植业的生产单元的规模均没有达到最优状态。

（2）以各种农作物为对象的技术效率计算结果显示，江苏省农作物总体上相对向生产前沿背离，结构变动对农作物技术效率提升的作用在弱化。

（3）通过测算 Malmquist 生产效率指数，计算 1991～2010 年间的江苏省种植业结构变动所引致的生产率的变化情况，结果显示近 20 年来江苏省种植业结构变动的全要素生产率年平均增长 0.1%，技术进步年平均增长 2.1%，技术效率年平均降低 2%，表明江苏省种植业结构变动的全要素生产率的增长来源于技术进步，技术效率的恶化阻碍了生产率的增长。另外，种植业结构变动的全要素生产率呈现剧烈波动性，这说明种植业结构变动所引起的生产率的增长趋势是不稳定的，投入量与产出量的剧烈变动不利于全要素生产率的稳定增长。

第 *7* 章

种植业结构变动效果的
影响因素分析

第 6 章中模型测算的江苏省种植业结构变动的平均技术效率水平在近 20 年间出现下降，技术效率年均降低 2% 的阻碍作用使得 TFP 增长缓慢，仅保持了 0.1% 的低增长，这种结构变动所带来 TFP 低水平增长，需要进一步地探讨是哪些因素影响到生产效率提升与结构变动。因此，本章将定量地探讨江苏省种植业结构变动效果的影响因素，以及这些因素如何影响结构变动效果。

7.1 种植业结构变动效果的影响因素探析

种植业作为农业内部最重要、最基本的生产部门，同时种植业结构调整也是江苏省农业结构调整的一个核心部分，调整方向旨在提高农业综合效益与增加农民的经济收入，同时增强农业的国际竞争力。

7.1.1 种植业结构变动效果的影响因素的综述

张利国 (2007) 指出，传统农业种植模式向优质、高产和高效的现代农业转变过程中，影响农业结构调整的因素主要包含农户行为、政策性因素、资源优势向经济优势转变障碍和国内资源成本系数[①] (DRCC) 对农

---

① 国内资源成本系数 (DRCC) 反映的是在生产要素、劳务和产品能在各国间自由流动时，一国生产农产品为获取一单位影子收入需要投入多少单位的成本。如果 DRCC <1，则表明该农产品生产产出大于投入，具有比较优势；如果 DRCC >1，则表明农产品生产产出小于投入，缺乏国际竞争力；如果 DRCC =1，则表明该农产品产出等于投入，处于国际竞争力的平衡点。可参见：钟甫宁. 用国内资源成本测定比较优势的缺陷及其纠正方法 [J]. 南京农业大学学报 (社会科学版)，2003，3 (2).

业结构调整指导的有限性。曹树生、黄心诚（2006）对我国农业结构调整的影响因素定性分析中，指出自然资源、农产品需求、物质能量转换、农业技术条件、农业再生产过程特点、社会经济条件和农业产业结构演变规律的 7 个方面是农业产业结构调整的主要因素。王勇（2007）指出，农业结构演变趋势大致概括为自然生态系统主导型、社会经济系统主导型、自然生态系统和社会经济系统协调型农业结构，这其中气候与环境等自然生态因素是自然经济阶段农业结构变化的主导因素，市场和政策等社会经济因素是商品经济阶段农业结构变化的主导因素，另外，在当前的环境和资源压力下，农业生态价值必然会成为今后农业结构调整的重要指导原则，也是引导农业向自然与经济协调发展的方向。荣德福（2004）对农业结构调整的影响因素归纳为 3 种，即自然因素、社会因素和原则因素（包含最大效用原则、供需平衡原则、最大效率原则、群体安全原则等），这三类因素中自然因素是基础，社会因素是动力，原则因素是规范，只有综合考虑这些因素并合理应用，才能搞好结构调整，收到预期效果。李长松（2006）归纳农业结构变动的影响因素包括市场、技术、农业组织形式和行政，尤其指出农业劳动者自身素质对结构调整有着重要影响，其中一批有文化、素质较高的劳动者加入农业产业中，将有力地支持和促进农业结构调整优化，也是向现代农业发展的智力保证。

在对更细层面的种植业结构变动效果的影响因素分析中，主要有邓振镛等（2006）研究甘肃省种植业结构变动的影响因素，指出气候、技术、经济和政策是影响种植业结构变动的四大因素。谭卓、王云飞和李振兴（2008）对湖南省种植业结构影响因素进行统计分析，指出种植业结构变动主要来自经济作物内部的变化，而科技投入、劳动力资源和农业机械总动力是增加经济作物单位产量的关键因素。王方舟、孙文生（2011）对河北省农业总产值进行灰色关联度分析，得出蔬菜园艺作物和谷物是种植结构的主导产业，并且农机总动力、灌溉面积、化肥使用量、总播种面积和劳动力 5 个因素对农业结构调整的影响依次减弱。

上述研究方法多为定性描述而定量研究较少，这主要原因是种植业结构变动的影响因素研究中，种植业结构变动的指标构建一直难以确定。从已有的谭卓等（2008）与王方舟、孙文生（2011）的研究指标来看，前者以经济作物单产量作为衡量结构变动指标，选取种植面积、科技投入、劳动资源、市场供求等十种因素作为因变量，通过逐步回归筛选出乡村劳动力资源数、科技资金投入与农业机械总动力三个影响因素。后者将影响因素设定为劳动力、农机动力、化肥施用量、总播种面积与灌溉面积，利用灰色关联度计算其与总产值的关系，从而说明上述影响因素对总产值的影响程度。通过选取影响因素并使用相关模型检验其与结构变动指标的相关性，是目前研究结构变动影响因素的常用方法。

7.1.2 江苏省种植业结构变动效果的可能影响因素的描述

结合江苏省种植业发展的外部条件来看，在江苏种植业劳动力人数不断减少的情况下，农业资金投入、技术和农资产品的增长，对劳动力表现出较强的替代作用。这以农业机械化的快速发展最为显著，它逐步改变传统农耕模式，为推进农业规模经营和农业现代化建设创造了条件，也为促进农村剩余劳动力向第二、三产业转移和新农村建设提供了支持，更主要的贡献是机械化投入，大幅提高农业劳动生产率和土地产出率，保证了粮食生产的基本稳定。随着国家对农业生产投入品补贴政策的落实，农业机械总动力和各用途农用机械数量都得到快速增长，机耕、机播、机收和机械植保面积逐年增加，到"十一五"末分别达到总播种面积的 96.2%、56.6%、83.2% 和 90.4%。

农业资金投入方面来说，国家和地方政府用于农村水利设施建设（包括新建、改建和扩建）投入力度和规模逐年加大，主要包含对一些圩区洼地集中连续治理，实施高标准农田建设；实施饮水安全工程建设，改善农村居民饮水条件；整治河道疏浚，治理农村水环境；实施灌区节水改造，降低农业用水成本；修建水库、塘坝和大口井，改善丘陵山区的经济社会发展条件。"八五"以来，江苏省农村水利呈现快速与持续发展的良好势头，这为农村经济社会发展与农业综合生产能力的持续提升提供了有力的支撑和保障。伴随农田水利设施完善和投入增加，有效地降低农业自然灾害对农业生产的影响，从受灾和成灾面积比例来看，除个别年份经历区域性重大自然灾害外，江苏成灾面积比例呈现出下降趋势，尤其是"十一五"期间最为明显（见表 7 - 1）。

国家农业政策积极引导和鼓励农村经济社会的可持续发展，通过取消农业税、粮食直补与综合补贴等方式降低农民种植成本；通过良种、农机、奶牛与化肥补贴等手段提高农民发展生产能力；支持发展各类专业合作经济组织，着力培育一批有竞争力、带动力强的龙头企业，提高农民进入市场的组织化与社会化程度；加快建立新型农村合作医疗与农村最低生活保障制度，扩大社会救助对农村的覆盖。在上述一系列支农惠农政策的扶持和引导下，江苏省农业、农村经济和社会事业得到长足发展。

表 7 – 1　　　　　　　　　　种植业各影响因素的统计数据

年份	种植业劳动力人数（万人）	农业机械动力（亿元）	农业资金投入（亿元）	化肥用量（万吨）	人力成本（亿元）	有效灌溉面积比例（%）	农药使用量（万吨）	成灾面积比例（%）
1991	1538.06	1966.61	2.77	246.95	65	59.62	7.2354	40.76
1992	1477.96	2016.07	3.49	174.68	71.63	57.63	7.0283	13.32
1993	1370.41	2081.75	5.48	206.25	71.12	59.71	7.7	23.61
1994	1375.24	2161.4	7.34	160.23	84.21	61.75	8.021	24.46
1995	1326.54	2226.95	8.65	160.02	126.05	60.76	8.87	7.31
1996	1316.47	2297.43	11.9	160.28	162.74	60.85	9.37	6.28
1997	1325.88	2499.69	22.6	161.75	160.68	59.94	9.66	18.89
1998	1316.02	2594.83	41.55	180.05	144.46	60.19	9.88	24.71
1999	1294.9	2767.89	59.63	178.94	127.63	61.95	9.53	20.56
2000	1270.58	2925.29	61.07	178.84	117.19	64.97	9.15	34.34
2001	1238.69	2957.93	55.11	159.27	121.46	68.51	9.16	11.4
2002	1142.79	2983.89	56.86	165.62	117.26	69.63	8.64	7.02
2003	1040.98	3029.1	50.64	157.33	114.71	70.84	8.79	30.93
2004	960.23	3052.51	42.87	154.89	133.8	68.1	9.23	3.07
2005	885.40	3135.33	46.47	168.58	144.19	67.19	10.33	13.22
2006	829.36	3278.53	55.95	174.66	145.33	67.25	9.86	16.79
2007	782.38	3392.44	57.42	183.21	153.39	66.69	9.68	10.63
2008	744.58	3630.86	91.07	179.34	167.15	65.89	9.38	4.75
2009	725.3	3810.57	125.32	181.45	176.64	66.01	9.23	6.8
2010	707.28	3937.34	152.6	191.65	212.08	66.35	9.01	3.35

　　注：劳动力人数指从事种植业的劳动力人数；化肥用量是七种主要作物的每亩化肥用量与其播种面积的乘积之和；人力成本为用工折价和雇工成本之和，并按每种作物的种植面积进行加总；农药使用量为江苏种植业总用量，统计数据缺少单位用量，故无法针对本书的七种重要农作物进行折算；成灾面积数据来源《中国农村统计年鉴》1992～2011 年；农业基本建设投资来源于《江苏统计年鉴》历年资料，其中 2004 年以后数据为农业投资额与水利管理业投资额的加总。

　　在农业科研与教育投资方面，由于农村教育和农业科学研究被各级政府逐年重视，这两方面投入资金也逐年增长，江苏省从 1999 年的 18.1 亿元增加到 2010 年的 53.3 亿元，年增幅 10.3%。农村教育和农业科研方面大力度投资，极大地推进了农村教育和农业科学技术研究发展。具体来看，调整农村义务教育管理体制，改善中小学办学条件，完善农村中小学师资，落实政府对义务教育的保障责任；稳步发展农村劳动力技能、实用技术培训与职业教育，为农村经济发展提供人力资源保障，同时积极谋划剩余劳动力转移。加大对农业科研投入，尤其是针对农业生产环节出现的各种问题，设立相关研究经费，保证了农业研究的顺利进行，而一批研究成果有效地回馈到农业生产中，为农业生产提供了坚实的技术保障。

在农业生产的不同环节，农村合作经济组织逐渐成为江苏省现代农业建设和农村经济发展的重要带动力。农民通过合作组织这一载体，以合作经营推动集约化经营和规模化经营，改变市场经济背景下农民分散参与竞争的弱势状况，有效提高农民进入市场的组织化程度；通过联合购买、统一服务和共同开拓市场，扩大了资本和产品的经营规模，降低生产和交易成本；通过发展农产品加工流通业，提高农产品附加值，增强市场竞争力，农民能够分享到产业化的增值利润；通过盈余返还、股金分红和二次返利等，直接增加农民收入；通过利益刺激，又促使农民增加对生产经营的要素投入，增加财产性、投资性收益，形成农民持续稳定增收的良性循环。

农业合作组织对农业生产有着积极促进作用，江苏省各地已经把发展农村合作经济组织作为调整生产关系、促进生产力发展的重要手段，也是发展现代农业的有效途径，作为优化农村资源要素配置的关键举措。从江苏省农业合作组织发展的经验来看，农村合作经济组织正成为建设现代农业的主力军和主要途径，在农业和农村经济发展中发挥了不可替代的作用。农村合作经济组织在不改变土地承包关系的前提下，突破家庭小规模、分散经营格局，以市场经济方式组织生产，推进农业标准化、产业化与规模化发展，形成规模优势和品牌优势，提高农业劳动生产率、土地产出率和农业综合效益。农业组织的蓬勃发展，积极推动江苏省传统种植业的结构调整优化，符合现阶段促进农村发展和农民增收的根本目标。

城镇和农村居民的收入结构和消费结构变动，其对不同农产品需求量、购买能力和需求偏好，都会对种植业结构变动起到外在的引导作用。从城镇和农村居民的家庭收入与支出数据中可以发现（见表7－2），1991年城镇和农村家庭中食品支出占消费性支出比例分别为55.7%和56.1%，而食品支出占总收入比例分别为47.3%和53.5%，到2010年，这两组数据分别下降到36.5%、38.1%和22.9%、27.3%，可见家庭用于食品消费支出比例减少，表现出人们对农产品品种、质量和营销手段都提出了新的要求，而传统种植业则是居民消费结构和方式改变的直接对象，所以农民在优化自身种植经济效益的条件下，迎合市场需求的变化，调整自身种植结构和种植模式，这就成为种植业结构变动的一个内在的引导和激励因素。

表 7 - 2　　　　　　　　江苏省城镇与农村居民收入和消费表

年份	城镇家庭			农村家庭			
	人均可支配收入	消费性支出	食品支出	农民人均纯收入	消费性支出	食品支出	种植业收入
1991	1800.35	1528.7	852.1	920.8	878	492.8	—
1992	2140.05	1769.36	953.83	1060.7	953.4	521.4	—
1993	2776.36	2310.5	1141.36	1266.9	1058.8	531.6	—
1994	3779.48	3079.76	1543.07	1831.5	1500.5	822.9	—
1995	4634.42	3772.28	1957.25	2456.9	1938	1061.4	—
1996	5164.08	4057.5	2070.29	3029.3	2414.4	1235.6	—
1997	5765.2	4533.57	2161.18	3269.9	2487.7	1216.5	—
1998	6017.85	4889.43	2205.4	3376.8	2336.8	1117	—
1999	6538.2	5010.91	2207.58	3495.2	2293.6	1025.3	—
2000	6800.23	5323.18	2189.8	3595.1	2337.5	1017.6	845.4
2001	7375.1	5532.74	2194.04	3784.7	2374.7	1011.9	874.1
2002	8177.67	6042.61	2441.89	3995.4	2625.2	1050.4	798.6
2003	9262.46	6708.58	2566.89	4239.3	2704.4	1118.6	759.6
2004	10481.93	7332.26	2931.7	4753.9	3035.1	1341.4	957.6
2005	12318.57	8621.82	3205.79	5276.9	3567.1	1569.3	946.4
2006	14084.26	9628.59	3462.66	5813.2	4135.2	1729	1000.7
2007	16378.01	10715.15	3928.71	6561.3	4791.7	1995.6	1084.8
2008	18679.52	11977.55	4544.64	7356.5	5328.4	2202.6	1152.2
2009	20551.73	13153	4773.68	8003.5	5804.5	2275.3	1183.5
2010	22944.26	14357.49	5243.14	9118.2	6542.9	2491.5	1323.5

资料来源：《江苏统计年鉴》历年，其中农村家庭收入中来自种植业部分的数据在2000年以前未纳入统计体系中，"—"表示缺失。

7.1.3　江苏省种植业结构变动效果中价格与政策因素的说明

在前文多处论述中，已经发现农产品价格变化已经成为结构变动效果的一个主要影响因素（陈洪博，1988；段应碧，1992；钟甫宁，2000，

2003）。农产品的收购价格与农民的种植收益紧密相联，这直接影响到农民在下一年的种植意愿、品种选择、种植方式和投入要素量，并且农产品价格也是农民从事非农活动的机会成本。当农产品价格过低，农民种田收益下降时，放弃原先的种植品种，换种经济效益更高的品种或者将土地转变为其他用途，这些都影响到种植业内部各种农作物的种植面积与产量。因此，农产品价格需要考虑到农户的种植收益，也要兼顾消费者的收入水平，定价过高会对农产品需求产生抑制效应，综合这两方面的考虑可以促进整个地区种植业的良性发展。

回溯近 20 年来的农产品价格情况，首先，"八五"期间国务院对粮食价格机制进行改革，建立以市场形成农产品价格的主要机制。以 1992 年国家对粮食收购实行购销价格联动与购销同价，以解决多年存在的购销价格倒挂问题为代表，迈出我国粮食价格改革极其重大的一步，随后逐步放开多种农产品的政府价格管制。农产品收购价格提高，有利于当时农业生产发展，调动农民的生产积极性、增加主要农产品的市场供给并且较大地增加农民收入。其次，国家粮食收购价格放开，带来粮食产量上升，却导致粮价下跌，严重挫伤农民种粮经济效益，从 2000 年到 2003 年粮食生产出现了改革开放以来最为严重的一次大减产。除部分自然因素（干旱）外，主要原因是国民经济高速增长与农业发展落后之间的差距不断突显，农民种田成本持续增长而销售价格过低导致经济收益较低，从而转向生产经济作物和优质农产品的种植，进一步影响到国家粮食稳定。最后，加入WTO 以来，国内农产品价格变动的影响因素增多而越发不稳定，耕地面积减少、农业劳动力转移、生产资料价格上涨、气候灾害、国际市场石油与粮食价格带动等多种因素，导致一系列农产品的联动涨价。扣除掉人为的市场炒作因素，应正确地看待农产品价格的波动与上涨。随着经济发展，职工和城市居民收入不断提高，居民收入增加必然扩大需求和拉动消费，致使农产品价格一定幅度上涨是客观经济规律的正常反应。近年来，我国农产品价格在一定范围内的上扬，是国内外农产品大背景下的正常反应，是我国农产品长期低价位运行的合理补偿。

合理地利用农产品价格上涨对增加农民收入的优势，可以借机调整与优化传统的种植业结构，从而达到结构调整的预期目标。

与此同时，种植业不仅受市场因素的影响，而且很大程度上受自然条件的制约，作物生产与调整周期长等约束使得种植业具有天然弱质性与高风险特点，需要国家与地区对其进行政策保护、扶持与引导。目前我国学者对我国农业或种植业政策发展路径和演变规律进行了梳理与概括（何忠伟、蒋和平，2003；朱四海，2005；李瑞红，2009；李岩、孙宝玉，2012），积极肯定农业政策对农业生产与发展的有力作用，也从历史的角度回顾并反思了相关农业政策的缺陷与不足。对我国改革开放以来的农业政策发展阶段的划分，普遍认为存在三个阶段：（1）改革开放到20世纪90年代初期，农业政策的主要方向与目的是放开农产品价格、加快体制制度创新与开始矫正剥夺农业领域中的"工农剪刀差"方式，从原有重点优化发展重工业转变到产业协调平衡发展上来，重点是对计划经济体制下的农村制度进行改革。（2）1992～2001年，我国农业从为国民经济"纳税"开始转变为接受保护和扶持，农业政策的主要途径与目标是以价格补贴为主要措施，切实减轻农民负担。（3）加入WTO以后，我国逐渐认识到要实现农业的可持续发展，农业问题不只是农业生产方面，还必须重视农村经济的综合发展和农民利益，这一时期农业政策主要落实在增长迅速的财政支农绝对数量、完善国内支持的结构与将增加农民收入作为主要政策目标。

回顾近20多年来国家与江苏省出台的农业相关政策与效果，尤其是我国政府在2000年以后提出的一系列支农惠农政策取得较好社会效果（见表7-3）。这些农业相关政策的制定与实施，科学合理地指导农业与种植业的生产、布局与调节，从而保障农村与农业生产稳定并促进农民收入增长。可以说，农业政策在解决与分析中国"三农"问题中起到了举足轻重的作用，政策的重要性已经是全国各级政府组织、农民与农业研究者们的广泛共识。然而，如何衡量政策因素的作用程度，我国学者如张领先、傅泽田、张小栓（2003）已经指出国内有关农业支持政策的研究一般停留在定性方面，定量研究尤其是优化研究很少。本书对种植业结构变动效果的因素研究同样面临如何将农业政策因素如何纳入模型分析的困难，现阶段缺少简要的构建、衡量与评价政策因素的指标，使得定量分析农业政策因素对农业相关的各个环节中的作用变得较为困难。

表7-3　　　　　　　　　江苏省农业政策的执行效果

年份	出台政策	执行效果
2002	良种补贴，已涵盖大豆、水稻、小麦、玉米、棉花与油菜	减少农民种植成本，保障农作物种子安全，降低种植风险

年份	出台政策	执行效果
2004	粮农直补、农资综合补贴	有效地遏止 2003 年粮食减产势头，使得粮食产量回升
2005	实行粮食生产大县的奖励政策	国家对年产粮食 4 亿斤以上的县进行奖励，以提高地方财力，促使产粮大县政府加大对"三农"工作的投入
2006	取消农业税	减少农民税收负担，提高农民收入水平
	粮食最低收购价政策	稳定农作物收购价格，保障农民种植收益
2008	农机购置补贴对象	以联合收割机与插秧机为代表的江苏省农业机械台数与总动力增长迅猛
2009年至今	一系列农村民生政策：农村义务教育改革、新型农村合作医疗、农村养老金与最低生活保障制度等	全面支持农业的发展、提高农民的经济收入和生活水平、推动农村的可持续发展

　　因此，总结已有研究成果与江苏省种植业发展的多种外部条件，本书认为可能影响到种植业结构变动效果的因素主要分为两大类：（1）直接面向种植业生产的影响因素，包括劳动力（农业从业人数与受教育程度）、农业资金投入（主要是政府、企业拨款或农民自筹方式，针对乡村道路建设、灌溉设施修建和中低产田改造等）、技术（农用机械、新型种植各环节技术推广）、农资产品投入（种子、化肥、农药和地膜等）以及自然条件（气候、土地和自然灾害）；（2）间接影响种植业生产的因素，包括农产品价格、国家和地区农业政策、农业科研与教育投入、城镇与农村居民的消费与收入结构、农业组织化水平、国际农产品贸易、产业地区结构与地区经济水平等。

7.2　变量选择说明及模型设置

7.2.1　变量选择与说明

　　结合参照上一节探讨的影响因素，选取可能影响到种植业结构变动效果的十种主要因素，这些可以度量的因素包括种植业劳动力人数、农业资金投入、化肥用量、农药用量、人力成本、农用机械总动力、灌溉面积比例与成灾面积比例八种直接因素，而间接因素选取城镇与农村居民的食品消费占消费性支出的比例两个指标。

同时，一些可能影响因素如农业组织化水平、国际农产品贸易、市场结构、产业结构和地区经济水平等，由于数据获取较为困难或者不易量化等原因，未能选取进入本书的实证研究中。另外，尝试性地在变量选取中，加入可能反映出种植业价格变动效果的江苏农产品收购价格指数，若这一指标可以达到较好地替代效果，则进一步用其检验价格因素在结构变动效果的作用。

下面说明如何选取种植业结构变动效果的指标。本书在第 4 章种植业结构变动对总产值增长的贡献分析中，将每一种作物的总产值增长分解成价格贡献、单位面积产量贡献、种植总面积贡献与种植结构贡献四个部分，其中种植结构贡献指的就是各种作物种植面积变化对种植业总产值增长的贡献。在作物总收益中，总的耕地面积和每一种作物的播种面积都是处在不断变化之中的，就种植积对种植业总产值的贡献程度来说，若扣除总面积对经济收益的贡献程度之后，剩下的就是每一种作物收益中自身的种植面积变动的贡献，这实质就是作物在不断调整和优化过程中的所反馈出来的结果，这一结果可以描述和判断种植业结构变动的效果。

1991～2010 年的近 20 年间，江苏省种植结构贡献量表现出剧烈的波动走势，其中对种植业总产值的负向贡献程度居多，尤其是"九五"与"十一五"期间，结构贡献量持续为负，这说明结构贡献量对种植业总产值增长没有带来抑制作用，种植业结构变动的效果并不稳定（如图 7 - 1 所示）。

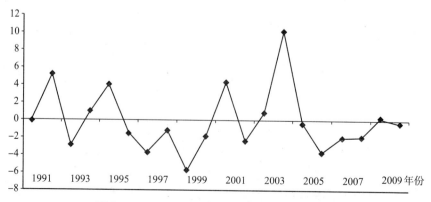

图 7 - 1　1991～2010 年江苏省种植结构贡献量

　　进一步，本书选取因变量为种植业结构贡献值，其表示结构贡献对历年种植业产值增长的贡献量，是种植业总产值增长量上的一个分量，实质上是本年度与上一年度的差分数值。同时，各自变量也均为相关可能影响因素的本年度与上一年度的差分数据，它表示可能影响因素的历年变动量，并可用 Δx_i 表示。因变量与自变量形式统一表示为各年度变动差分数据，用来衡量各可能影响因素的变动量对结构变动效果的作用程度。

　　因此，本节将能够反映出种植业结构变动效果的种植结构贡献量作为因变量，而上述可能影响因素的变动量作为自变量，通过回归方程来考察各可能因素变动程度对结构贡献量的解释力度，来分析江苏省种植业结构变动效果的主要影响因素。

7.2.2　模型设置

　　本书对江苏省种植业结构变动效果的影响因素分析，采用回归模型进行研究，模型形式设定如下：

$$struc = \alpha_0 + \sum_{i=1}^{11} \alpha_i \cdot \Delta x_i + \sum_{i=1}^{11} \beta_i \cdot \Delta x_i(-1) + \sum_{i=1}^{11} \gamma_i \cdot \Delta x_i(-2) + \varepsilon$$

$$(7.1)$$

　　式（7.1）中考虑到种植业生产过程中普遍存在的滞后效应，对因变量的估计中添加了滞后期变量数据，$\Delta x_i(-1)$ 与 $\Delta x_i(-2)$ 分别表示相应的自变量变动值的滞后一期与滞后两期数据，α_0、α_i、β_i、γ_i 分别为截距项系数和自变量的估计系数，ε 表示随机误差项。

　　用于模型估计的具体变量的符号说明：$struc$ 表示种植业结构贡献值、l 表示江苏种植业从业人员数、k 表示农业资金投入、md 表示农业机械总动力、fer 表示化肥用量、hc 表示人力成本、poi 表示农药用量、ur 与 ru 分别表示城镇与农村居民的食品消费占消费性支出的比例，用来衡量城镇与农村的消费结构。另外，在种植业自然因素方面，使用了 ir 表示灌溉面积比例和 dz 表示的成灾面积比例这两个因素，而 pi 表示了农产品收购价格指数。

7.3　种植业结构变动效果的影响因素的实证分析

　　表7-4为模型变量的平衡性检验，一阶平稳性检验仅 k 与 md 未通过

10% 显著性水平，并且这两个变量通过了二阶平稳性检验。在对（7.1）式进行回归估计过程中，模型解释变量个数较多且发现存在较高的方差膨胀因子（VIF），说明方程有较高的多重共线性，同时方程也因近似奇异矩阵（near singular matrix）出现而导致估计失效。

表 7 - 4 模型变量的平稳性检验

一阶平稳性检验			二阶平稳性检验		
变量	t - 统计值	概率	变量	t - 统计值	概率
struc	- 2.889	0.0686	k	- 4.365	0.0036
dz	- 6.724	0.0000	md	- 5.598	0.0003
fer	- 4.934	0.0010			
hc	- 2.734	0.0874			
ir	- 2.919	0.0617			
k	- 1.504	0.5101			
l	- 3.064	0.0468			
md	- 2.556	0.1218			
pi	- 3.442	0.0260			
poi	- 3.154	0.0393			
ru	- 4.910	0.0012			
ur	- 4.386	0.0032			

出于回归方程中需要因变量 y 包含更多的自变量解释信息，同时避免与降低人为增减变量的所产生的系统误差。由此，逐步回归分析（见表 7-5）正是针对上述原则提出来的一种改进的方法。

表 7 - 5 逐步回归法详细数据步

步骤	变量选入	变量退出	R^2	F 值	Pr > F
1	ru		0.3947	10.43	0.0052
2	dz		0.6346	9.85	0.0068
3	fer(-1)		0.7552	6.9	0.0199
4	ur(-2)		0.8109	3.83	0.0723
5	ir(-2)		0.9084	12.78	0.0038
6	ur		0.9391	5.55	0.0381
7	k(-1)		0.9634	6.62	0.0277

步骤	变量选入	变量退出	R²	F 值	Pr > F
8	md(−2)		0.9833	10.67	0.0097
9		fer(−1)	0.9778	2.94	0.1203
10	l(−2)		0.988	7.64	0.022
11	k(−2)		0.9921	4.23	0.0736
12	poi(−2)		0.9966	8.97	0.0201
13	dz		0.9981	5.12	0.0642
14	poi(−1)		0.9989	3.23	0.1321
15		poi(−1)	0.9981	3.23	0.1321

从回归结果（见表 7 - 6）来看，当期和滞后一期的影响因素对结构变动的作用程度只有 5 个，而滞后两期的因素多达 6 个，从各因素对种植业结构变动效果的影响时间来看，滞后效应是明显的，这说明种植业其自身的特殊性和历史沿革，各种经济和社会因素会对种植业结构变动产生长期影响。下面将依次对模型得到的影响因素进行解释说明。

表 7 - 6　　　种植业结构变动影响因素的逐步回归估计结果

自变量	回归系数	标准误差	t 检验值	零系数概率
intercept	− 0.03016	0.22633	− 0.13	0.8984
dz	− 0.19834	0.01136	− 17.46	< .0001
ur	− 59.24833	6.79352	− 8.72	0.0001
ru	67.97274	7.88895	8.62	0.0001
k(−1)	0.10339	0.00873	11.84	< .0001
dz(−1)	0.02106	0.0093	2.26	0.0642
l(−2)	− 0.02214	0.00294	− 7.52	0.0003
k(−2)	0.05677	0.01279	4.44	0.0044
md(−2)	− 0.02582	0.00213	− 12.11	< .0001
ir(−2)	1.26735	0.05047	25.11	< .0001
poi(−2)	− 1.03483	0.23565	− 4.39	0.0046
ur(−2)	29.59427	5.07523	5.83	0.0011

判定系数 R²	0.9981		回归标准差	0.0697
修正后的判定系数	0.9947		残差平方和	0.4182
F 统计量值	292.89		DW 检验值	1.796
P 值（F 统计量显著性水平）	< .0001			

(1) 模型结果显示劳动力对结构变动效果的影响为负,江苏省种植业劳动力人数的持续下降,对种植业的结构变动相关表现出相反的作用程度,两者之间关系并非当期显现,而是存在滞后性。近 20 年来,江苏省种植业劳动力人数的持续减少,已经开始对农作物种植产生影响,如棉花播种面积逐年萎缩这一现象的解释。可以预见,在农村剩余劳动力向非农产业转移过程中,投入种植业生产中的劳动人数的减少,首先冲击的必然是劳动密集型且机械技术替代程度不高的农作物,如棉花与花生。目前来看,农村劳动力脱离种植业而从事其他经济活动,虽然降低种植业的经济效益,但可以从其他活动中获取一定的收入作为弥补,种植业收入仅仅是农民收入的一部分,而并非唯一收入来源。另外,回归模型仅仅是从七种主要农作物经济效益的角度衡量了劳动力人数下降对结构变动的影响,但若从整个种植业结构调整的视角来看,劳动力的下降是否会阻碍江苏种植业结构调整优化还可以继续深入研究。

(2) 农业资金投入对种植业结构变动效果的影响程度为正,表明江苏省农业资金投入对结构变动的效果是显著促进的,同时由于农业资金投入额度大和周期长等特点,它对种植业结构变化的影响也是长期的。从江苏省具体的农业资金投资项目来看,随着在全国率先实现"村村通"的农村交通道路建设工程,与实施了全省农村河网化、高标准农田、农村河道疏浚整治、灌区改造、坪区治理、山丘区水源、小型泵站改造等农田水利建设的一系列投资项目的完成,不仅改善了农村基础条件,也提升了农业综合生产能力,而且为现代化农业提供了坚实的硬件环境。

(3) 灌溉面积比例对种植业结构变动效果的影响程度为正且表现出滞后性,主要原因是全省具备了齐全的农业水利管网和较高的农业灌溉用水程度,实现了农村河网化,基本完善了农田水利配套工程,与大中型骨干水利工程有机结合,初步形成了一个能挡、能灌、能排、能降、能控制与能通航的工程体系。到 2009 年底,江苏省有效灌溉面积已达 3813.7 千公顷,占耕地总面积的 81.35%,灌溉面积占总播种面积的比例常年稳定在 66% 的水平。

(4) 在江苏省农业投资不断加大和水利基础设施不断完善的良好条件下,受灾面积比例的变动对种植业结构变动的关系表现出当期为负、滞后一期为正的情形,这说明了以经济效益为核算体系的种植结构贡献变动中,自然灾害发生会较大程度地减少当年的种植业收益,从而对种植结构贡献产生负向的作用,而农民往往会根据上一年受灾情况和经验,对当年的种植情况进行调整，以预防自然灾害的再次发生，通常可以很好地降低自然灾害对种植业经济效益的影响。从历年江苏省受灾和成灾数据看，平均成灾面积占总播种面积的比例由"八五"期间的21.89%下降到"十一五"期间的8.46%，自然灾害的次数减少和"大灾"频率的降低，与稳固的农业基础设施建设和完善息息相关，这不仅降低自然灾害对农作物生产造成的影响和冲击，而且也稳定了农产品产量和市场供给。良好的自然条件给种植业结构调整带来了优越的外部环境，降低因自然灾害对种植业结构变迁带来的风险。

（5）农业机械投入和农药用量的滞后两期数据对种植业结构变动效果的影响均为负向，这说明这两个因素对结构变动呈现相反的作用趋势。从两者数据来看，农业机械投入总动力的持续增长，暗示过多的机械总动力投入并没有完全发挥出增加种植业经济效益的作用。一般来说，农业机械的投入使用，节约了劳动力与劳动时间，提高劳动生产率，也是有效改造传统农业的技术手段，但是在论述机械投入对农业生产的这些积极作用时，也不能忽视它所面临的具体环境，如农户土地规模过小或零散与农业机械功能程度不高。这两方面不利环境是现阶段种植业大田类栽培作物机械生产所面临的主要困难，农业机械总动力的增长是单方面的，而土地规模过小与机械功能深化不够，使得机械投入无法达到最优的使用效率。

另外，虽然农药用量出现了1998年与2005年两次高峰的波动变化趋势，但是单位种植面积用药量则呈现出逐年增长的趋势，伴随着农药价格的上涨，直接导致了单位面积农药的经济成本和人力成本增加，这削弱了种植业的经济收益，阻碍了种植业结构贡献值的增长（见图7-2）。

（6）城镇与农村居民食品支出占消费性支出的比例变动都显著地出现在回归方程中，其中农村居民的食品支出占消费性支出的比例正向地影响到结构变动效果，这主要是由于本书选取的七种代表性农作物的消费主体仍在农村，农村食品类消费是种植业收益的主要来源和渠道，因此积极引导、鼓励农村消费支持和消费习惯、偏好和模式的改变，可以很好地促进种植业结构变动。

另外，城镇居民的食品消费比例则表现出当期是负向影响、滞后两期是正向影响，在城市居民的食品支出份额逐渐缩小的情况下，预示着城镇居民在食品类的现金投入减少，对食品类需求的减少直接影响到食品的市场价格，当期价格的下降会直接减少农民种植业收入，但是连续的低价格会降低农民的种植意愿和农产品产量，食品类供给的减少会引起食品价格

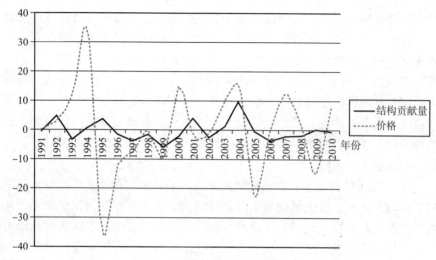

图 7 - 2   1991 ~ 2010 年江苏省结构贡献量与价格走势

的上涨，这种需求与供给反复交替变化的情况在农产品市场是常见的，这也很好地解释了城市居民的食品消费支出比例多对种植业结构贡献的不同影响。与此同时，城镇居民的消费习惯和方式的改变，也对农村有一定的影响，往往消费偏好和理念的变化呈现出先由城市开始，再传递到小城镇，最后影响到农村的路径，城镇和农村居民的消费结构的不同步，也是两者对解释种植业结构贡献值变化的一个原因。

最后，从逐步回归模型估计结果来看，农产品收购价格指数这一指标并未很好地替代出种植业价格变动效果，导致这一指标未能纳入模型分析，这也说明出缺少较好的替代指标能够定量地反映出种植业结构变动效果中的价格作用的重要性。

笔者认为这一现象的原因主要有两点：一是本书种植业主体界定为七种主要农作物，并且每种农作物均有其自身的价格，而模型研究对象是种植业整体，而非单个农作物，这就涉及所谓的"种植业价格"这一概念，这个并不直接存在的"价格"可以通过每种农产品价格按照其自身所占的份额（如播种面积、产量或市场消费量的比例等）进行合成，但这种线性组合的处理方式会在模型估计中与总产值数据造成共线性。例如以播种面积份额来合成"种植业价格"，$p = \sum_i p_i \cdot \omega_i$，其中权重 $\omega_i = \dfrac{A_i}{\sum_i A_i}$，而

总产值表示为 $VO = \sum_i p_i \cdot Q_i = \sum_i p_i \cdot q_i \cdot A_i$（式中 Q_i 为第 i 中农作物的

总产量，q_i 为单产量，A_i 为播种面积）。二是每种农产品价格实质上已经蕴含在模型因变量中，因为种植结构贡献值是从总产值增长量中分解出来的一部分，用于衡量种植业结构变动的效果。

7.4　小　结

本章运用 1991～2010 年江苏省种植业相关数据，从内外因两个角度定性地探讨了多种因素对种植业结构变动效果的影响机制和现状分析，再使用种植结构贡献值作为衡量结构变动的指标，并结合农业生产中影响因素的滞后效应，采用逐步回归方法定量地探讨影响种植业结构变动的因素。主要研究结论有：

1. 从正向影响来看

（1）农业资金投入与灌溉面积比例对结构变动效果的影响显著为正，农业资金投入增长和灌溉面积扩大很好地促进种植业结构变动；（2）成灾面积的增加会降低当年的种植业结构贡献值，但上一年的成灾面积可以很好地预防自然灾害对种植业经济效益的影响，从而对结构贡献表现出正相关性；（3）城镇和农村居民的食品支出占消费性支出的比例均影响到种植业结构变动效果。农村居民的食品支出占消费性支出的比例正向地影响到结构变动，而城镇居民的食品支出比例通过价格机制与城乡之间的消费习惯不同步两方面原因，对当期的结构贡献量呈现负相关，滞后两期为正向影响。

2. 从负向影响来看

江苏省种植业劳动力的持续减少、农业机械总动力和农药用量对种植业结构变动影响为负。

3. 从政策启示方面来看

一方面继续落实与利用正向影响因素对种植业结构变动的促进作用：（1）各级政府和组织应加大对农业资金的投入力度；（2）维护和继续发展已有的灌溉条件，加大和完善现代农业必备的外部环境建设。另一方面，应当解决负向影响因素对种植业结构变动的不利影响：（1）合理引导农业机械投入，加强农业机械研发并深化农用机械功能；（2）妥善安置和转移农村剩余劳动力，积极拓展和落实农业从业人员的科技培训和教育投入；（3）增加种植业病虫害方面的研究，降低种植业投入要素的经济与人力成本。

这些举措都可以有效地保证种植业生产稳定，坚实种植业作为农业基础性产业的地位，并很好地引导种植业结构变动，使得种植业结构朝着有利于农民增收的方向发展，更要朝着有利于整个种植业可持续性的方向发展。

第 8 章

研究结论与政策建议

8.1 主要结论

本书研究江苏省种植业结构变动、效率变化与影响因素，通过定性与定量分析相结合的方式，相关研究结果可以回答江苏省在新时期致力于解决的"三农"问题——农业结构调整、促进农民增收和发展农村经济的背景下，种植业调整所面临的一些现实问题，这些基础性问题包括：为什么需要调整种植业结构？目前种植业整体现状如何，改革开放以来它经历了哪些变化，是否有什么演变规律？种植业结构变动是否促进其经济效益增长，这种增长中属于结构变动的贡献程度有多大？作为种植业赖以生存的土地资源，土地资源与结构调整之间的配置效率如何？我国自改革开放后长达30多年的种植业结构变动与调整，是否带来了生产效率的提高？现阶段影响种植业结构变化的因素有哪些，又是如何影响到种植业结构调整？能否利用各种影响因素找到种植业结构调整的方法和途径？

我国目前种植业结构调整计划，是在深刻和严峻的"三农"形势压力下，也是新时期国家提高核心竞争力和国民经济结构转型的战略调整背景下的具体部分，这是各级政府主动积极地面对与解决"三农"问题的具体决策体现，也是从制度上和经济上的实施的一次大规模的"宏观调控"。概括地说，此次种植业结构调整的目标，核心任务是保障未来粮食安全，以国内和国际市场为导向，优化种植业总体区域布局和资源配置，协调和完善种植业内部的结构比例，最终实现农民的持续增收。通过研究，本书得到下列五点结论：

第一，从江苏省种植业结构变动的历史演变和现状来看，改革开放以来，江苏省积极、稳步地发展种植业，种植业结构不断调整优化，各结构比例稳步变化，经济效益不断凸显。种植业综合生产能力得到全面提升，种植业区域特色得到明显培育和发挥。江苏省农业科技投入逐年增加，成果显著，为江苏种植业现代化发展提供技术保障与支撑。目前种植业发展现状总体来看，种植业基础不断加强，综合生产能力不断提高，种植业结构不断优化，科技推动作用日益突出，有效地保障农产品市场供应、繁荣农村经济、拓展农民就业渠道、促进了农民增收致富。

第二，从种植业结构变动对其经济效益增长方面来看，种植业总产值增长中，单位面积产值贡献在增强，它对种植业总产值增长起到重要作用，而价格因素贡献程度表现出震荡起伏，对种植业总产值变动有较大影响。播种面积和种植结构贡献由正转到负向，逐步制约总产值增长，两者对总产值增长的不合理影响正在凸显，这与粮食作物和经济作物的种植面积逐年小规模地减少，土地资源向以蔬菜瓜果类作物流动的现实情况相符合。在整个研究期内，粮食作物总产值增长的贡献因素中价格贡献程度呈现小幅上升的趋势，农产品价格因素受到市场规律的作用，对粮食作物的影响力在逐渐增强，同时单位产量贡献保持了正向作用，贡献程度弱于价格因素，且递减幅度较大，但两因素合计的贡献程度对的粮食作物总产值增长贡献起到举足轻重的作用。价格因素是经济作物总产值增长的主要因素，贡献程度由负转正，呈现递增趋势，表明价格对经济作物增长起到积极作用，经济作物总播种面积贡献为负，面积贡献和种植结构贡献不合理问题也逐步呈现，种植结构逐渐转变为对总产值增长的制约因素。

第三，从种植业土地资源与结构调整的配置效率来看，本书发现"八五"期间，粮食作物对经济作物的相对优势明显，整体上呈现出正向流动，其中小麦、玉米和大豆优势显著，稻谷次之。而经济作物对粮食作物的优势流失，整体上反向流动占据主导地位，经济作物的边际价值在降低。"九五"期间，粮食作物对经济作物的优势在减弱，经过震荡调整后，到"九五"末稻谷、玉米和大豆又恢复到资源流进的局面，相对优势得以恢复。"十五"期间粮食作物对经济作物的相对优势在震荡调整中逐渐丧失，其中以玉米和大豆的负向流动最为明显，稻谷次之，小麦的优势得到恢复，而同期经济作物中油菜对粮食作物的优势开始凸显，表现出较强的正向流动趋势。"十一五"期间，粮食作物对经济作物的优势并没有得到全面恢复，仅小麦和稻谷对棉花表现出持续的正向流动。而这一时期，反观经济作物对粮食作物的资源流动，其中花生和油菜到末期实现了正向流动，相对优势得到一定恢复，但是棉花的资源流出现象却持续恶化，相对优势进一步减少。概括来说，整个研究期内，土地资源大体上呈现从粮食作物向经济作物的流动趋势，经济作物经历优势流失到具有优势的转变过程。

第四，从定量地测算与分析江苏省种植业结构变动的生产效率结果来看，首先种植业结构变动的平均技术效率水平在 1991～2010 年的 20 年间没有得到提高，反而出现下降，并且技术效率差异有明显的扩大趋势。同时模型输出结果显示规模效率均小于 1，说明江苏省种植业生产单元规模均没有达到最优状态。其次，以每种作物为对象的技术效率计算结果显示，江苏省作物总体上向生产前沿背离，结构变动对生产效率提升的作用在减弱。最后，通过测算 Malmquist 生产效率指数，结果显示近 20 年来江苏省种植业结构变动的全要素生产率年平均增长 0.1%，技术进步年平均增长 2.1%，技术效率年平均降低 2%，表明种植业结构变动的全要素生产率的增长来源于技术进步，技术效率的下降阻碍全要素生产率的增长。另外，种植业结构变动的全要素生产率呈现剧烈波动，这说明种植业结构变动所引起的生产率的增长趋势是不稳定的，投入量与产出量的剧烈变动不利于全要素生产率的稳定增长。

第五，通过逐步回归得到种植业结构变动的影响因素中，结果显示农业资金投入和灌溉面积比例对种植业结构变动的影响显著为正，农业资金投入的增长和灌溉面积的增长都可以很好地促进种植业结构变动；成灾面积的增加会降低当年的种植业结构贡献值，而上一年的成灾面积可以很好地预防自然灾害对种植业经济效益的影响，从而对结构贡献表现出正相关性。而农业机械总动力和农药用量对种植业结构贡献的影响为负。另外，城镇和农村居民的食品支出占消费性支出的比例都影响到种植业结构贡献值的变动。农村居民的食品支出占消费性支出的比例正向地影响到结构贡献值的变动，而城镇居民的食品支出比例则通过价格机制和城乡之间的消费习惯不同步两方面，对当期的结构贡献变动呈现负相关，滞后两期为正向影响的作用程度。

8.2　政策建议

结合上述研究结论，秉承更利于江苏省种植业结构调整、农民增收和农村经济健康发展的研究初衷与研究意义，提出以下四点建议。

第一，遵循市场需求，合理引导种植业结构变动。

种植业结构调整是农业生产者不断适应市场需求的过程。市场需求千变万化，农业生产又有一个较长的滞后期，这使农民难以准确地判断结构调整的方向，而政府的责任是及时向农民提供各种市场信息，根据国家指导性计划给予种植业结构调整导向性的意见①。因此，遵循市场规律，政府根据市场供给与需求变化，有计划、有目的与有步骤地引导结构变动，指导与协调种植业生产。

从江苏省种植业结构演变过程来看，粮食作物的面积比重变化不大，稳定的种植面积与单产水平保障江苏粮食生产与供给的安全，而目前粮食作物品种结构朝向多样化与优质化发展，粮食作物正经历由"量"向"质"的变迁过程。

受到江苏省种植业从业人数的减少与机械功能深化程度不高两方面原因，现阶段仍多为劳动密集型的经济作物，自"十一五"以来种植面积下降的趋势还将持续。然而，经济作物是目前价格涨幅最多的农产品，种植经济效益突出。因此，各级政府因积极引导与鼓励经济作物生产，改良品种以提高单产水平，加强农业机械研发力度，适度改善与缓解江苏经济作物种植面积不断减少的现状。

随着居民收入与生活质量不断提高，对农产品品种与质量要求必然越来越高，势必对农产品的生产技术要求更加严格，规格与品种更加多样，这种市场需求的发展与变化，将对种植业结构变化产生一系列的影响。因此，各级政府与农业组织应当继续加大推广种植业现代化种植方式，提升和突出种植业各品种的优势特色，着力发展有机农业、绿色农业与生态农业，利用市场需求所释放的积极信号，调整和促进传统型种植业向现代种植业的转变，实现种植业结构变动的预期目标。

第二，关注土地资源配置，引导与利用资源的流动趋势。

土地资源对于种植业生产而言是稀缺的，尤其在江苏农业用地面积因城市化与工业化建设需求而不断减少的不利情形下，如何提升与促进种植业结构变动中的土地利用效益最大化，这需要在设计与调整种植业结构的同时，有效地评估并分析结构变动与土地资源的配置关系，协调两者之间的比例与发展变化。

---

① 厉为民. 农业结构研究——国外经验的启示 [M]. 中国农业出版社，2008：251.

严格控制建设用地、保护耕地、实现耕地总量的动态平衡，是国家土地利用管理的目标与指导方针，刘成武（2009）认为农业技术进步因素为部分农地退出农用范畴提供了可能，在农地边际化规律作用日益加强的情况下，过分强调耕地总量平衡，不符合经济发展规律，那些土地质量较差、区位不好的耕地应当退出农用的范围①。本书第6章模型结果表明，在江苏省种植业结构变动的技术进步不高的前提下，放开或对农地流失不加遏制，会对土地资源造成进一步的浪费和价值流失。

在江苏省种植业结构变动与土地资源配置的研究中，土地资源大体上表现粮食作物向经济作物的流动趋势，资源流向的存在说明某种农作物具备资源优势和较高的边际价值，因此扩大经济作物的播种面积，恢复与提高经济作物在种植业中的面积份额，通过科技手段与耕作方法来提升经济作物的单位面积产量，发挥出经济作物的相对优势与效益优势，促进结构变动与土地之间的配置效率的提高，更好地优化种植业结构变动，提高经济作物的经济效益。

第三，合理引导结构变动，提高种植业效率与经济效益。

种植业结构变动的效果优劣可以通过经济效益与生产效率两方面反映出来。在结构贡献因素模型中，价格已经成为影响粮食作物和经济作物总产值增长的主要贡献因素，并且贡献趋势正在逐步增强。可以预见，未来种植业经济效益可能在三个方向上有所突破：（1）农民种植成本的下降；（2）农产品收购价格的上升；（3）种植业结构调整优化所带来的外部效应。上述三个方向上，种植成本涉及多种投入要素与行业，其价格下行的空间有限，而结构调整带来的外部效应并不是立刻凸显。因此，农产品价格的适度上调可以缓解现阶段农民种植成本上升的压力，稳定和促进农民的种植意愿，增加农民经济收益。

另外，从生产效率角度来看，江苏省的结构变动对生产效率的作用是低水平的。自1991年以来，种植业结构变动的平均技术效率下降并且差异在扩大，而技术进步是拉动种植业TFP增长的主要来源，技术效率是负向的，整体上使得种植业结构变动的TFP增长缓慢，种植业结构变动并没有带来生产效率的改进与提高，这实质上暗示提高江苏省种植业效率的道路还很漫长，存在制约生产率提高的不利因素。目前来看，提高种植业结构变动的效率途径主要有两点：（1）调整各种作物的投入量与产出量比

① 刘成武. 中国农地边际化问题研究［M］. 科学出版社，2009：146.

例，科学合理地控制与约束要素投入，政府与农业服务人员通过宣传、示范与指导，改善传统农业生产过程中的农民粗放投入的模式，减少资源浪费，降低生产成本；（2）加强种植业生产各环节的监控与指导，提高农民应对自然灾害的能力，通过技术手段与方法，提高作物产出水平。上述两点分别从投入与产出方面入手，是农户、政府与农业组织改进与提升种植业结构变动的生产效率的有效途径。

第四，把握种植业结构变动的影响因素，提高结构变动效果。

为了提高与达到结构变动的预期效果，必须把握与有效应用种植业结构变动的影响因素，主要可以从以下多个方面实施：

（1）各级政府和组织应加大对农业建设资金的投入力度，维护并继续发展已有的灌溉条件、路网交通与电力装备，加大和完善现代种植业必备的外部环境建设。

（2）合理引导农业机械投入，加大农业机械研发力度，拓展与深化机械功能。

（3）统筹城乡发展，妥善安置和转移农村剩余劳动力，大力拓展与落实农民和农业科技人员的知识、技能和教育投入，优化城市就业环境。

（4）落实国家与地区农业补贴政策，真正做到实惠于民，从而降低农民种植的经济与人力成本。

（5）调整和优化种植业产业布局，突出地区农业特色。

可以预见，上述举措能够有效地保证种植业生产稳定，坚实种植业作为农业基础性产业的地位，并很好地引导种植业结构变动，提高种植业结构变动的效果，使得种植业结构朝着有利于农民增收的方向发展，更要朝着有利于整个种植业可持续性的方向发展。

附 录

表 1　　　　江苏省 1990~2010 年主要农作物播种面积（千公顷）

年份	小麦	稻谷	玉米	大豆	棉花	花生	油菜籽
1990	2399.19	2454.44	461.01	244.67	572.13	108.71	440.81
1991	2364.93	2351.4	426.44	177.81	550.61	102.95	482.8
1992	2366.23	2447.27	421.14	192.28	673.43	107.36	483.78
1993	2281.66	2278.44	472.37	270.67	517.65	125.42	458.3
1994	2114.26	2168.36	458.95	255.41	534.57	146.52	516.59
1995	2150.35	2250.31	461.98	201.32	564.9	148.66	530.66
1996	2216.26	2335.91	467.83	179.49	485.91	123.55	498
1997	2341.37	2377.62	439	217.44	438.74	117.25	473.93
1998	2314.95	2369.7	473.49	220.83	416.16	141.39	468.94
1999	2251.7	2398.45	454.31	210.41	261.99	177.25	518.83
2000	1954.6	2203.46	423.16	249.19	295.27	227.9	650.5
2001	1712.81	2010.25	429.81	244.37	383.99	230.21	681.04
2002	1715.85	1982.05	436.53	243.44	311.35	223.63	668.08
2003	1620.45	1840.93	451.9	241.68	369.5	214.52	683.03
2004	1601.17	2112.9	389.11	216.42	409.62	218.59	689.86
2005	1684.44	2209.33	370.24	214.8	368.27	174.29	660.5
2006	1912.67	2216	378.17	213	330.4	130.6	525.47
2007	2039.12	2228.07	391.21	222.73	326.93	95.71	434.36
2008	2073.12	2232.55	398.51	232.77	300.47	101.58	454.49
2009	2077.61	2233.24	399.84	232.98	252.34	105.5	476.27
2010	2093.07	2234.16	403.7	226.9	235.68	103.39	460.08

表2 江苏省1990～2010年主要农作物总产量（万吨）

年份	小麦	稻谷	玉米	大豆	棉花	花生	油菜籽
1990	929.75	1728.9	233.01	45.6	46.42	30.12	81.41
1991	825.87	1648.86	211.93	31.24	55.71	28.12	85.32
1992	1040.39	1712.91	217.43	38.55	52.74	30.51	95.88
1993	961.55	1699.28	261.76	55.92	42.9	37.66	87.04
1994	899.17	1641.58	228.27	50.72	45.71	44.8	87.77
1995	892.57	1798.59	270.78	45.9	56.16	48.43	109.54
1996	1014.25	1870.15	259.9	42.81	53.75	39.65	106.34
1997	1064.74	1931.17	243.71	55.31	50.75	39.53	100.53
1998	759.68	2089.18	286.23	64.67	46.19	48.9	64.26
1999	1070.76	1937.33	346.8	56.81	24.6	63.25	117.89
2000	796.4	1801.33	236.76	66.96	31.45	79.75	142.99
2001	703.9	1693.19	259.89	67.1	46.05	84.09	145.81
2002	644.45	1709.87	261.68	70.32	36.28	83.71	130.81
2003	608.71	1404.64	197.25	56.75	29.1	51.57	145.74
2004	687.7	1673.16	216.55	57.03	50.28	69.12	167.32
2005	728.52	1706.71	174.79	48.68	32.27	55.46	158.67
2006	901.62	1778.02	196.97	53.38	35.52	45.51	129
2007	973.8	1761.11	197.25	56.37	34.75	33.84	109.46
2008	998.21	1771.9	202.95	60.23	32.6	35.57	112.81
2009	1004.42	1802.89	216.17	60.88	25.55	38.67	121.69
2010	1008.1	1807.86	218.48	59.83	26.08	37.7	112.44

表 3　　　　全国 1991~2010 年主要农作物平价价格（元/千克）

年份	小麦	稻谷	玉米	大豆	棉花	花生	油菜籽	芝麻	烤烟	甘蔗	甜菜
1991	0.5992	0.605	0.421	1.1866	6.8878	1.646	1.381	3.4892	3.5066	0.1328	0.1568
1992	0.6628	0.5866	0.4856	1.5284	6.1356	1.7682	1.3006	3.099	3.3198	0.1174	0.1522
1993	0.7296	0.8088	0.6036	0.7414	7.384	2.293	1.5632	3.3272	3.578	0.143	0.1552
1994	1.1306	1.4234	0.9646	2.0412	11.727	3.2498	2.6284	6.0636	4.224	0.2084	0.1994
1995	1.5088	1.6112	1.34	2.5792	14.7092	3.1904	2.7066	6.8582	7.2452	0.253	0.3156
1996	1.6202	1.6124	1.1446	2.9648	14.3924	3.2972	2.5266	6.6932	9.8344	0.2582	0.3154
1997	1.4022	1.3886	1.1134	3.0056	14.104	3.6356	2.5284	6.559	7.5288	0.2524	0.3054
1998	1.3316	1.3384	1.0758	2.2624	11.8762	2.8366	2.6478	5.7864	5.6794	0.219	0.2594
1999	1.2072	1.1318	0.8736	1.9858	7.624	2.5848	2.2342	5.3926	6.8894	0.171	0.22
2000	1.0576	1.0348	0.8562	2.0554	10.3504	2.5782	1.7624	5.3346	6.6284	0.1828	0.2194
2001	1.0502	1.0736	0.9668	1.9352	7.571	2.2996	1.807	—	7.459	0.1896	0.2194
2002	1.045	1.0278	0.912	2.209	9.5684	2.5802	1.8456	—	8.102	0.167	0.2018
2003	1.1284	1.2012	1.0548	2.9446	14.9384	3.3008	2.3684	—	8.0662	0.1554	0.194
2004	1.4894	1.5964	1.1612	2.8204	10.9064	3.509	2.7144	—	9.6008	0.187	0.2506
2005	1.3802	1.554	1.1106	2.568	13.0708	3.32	2.246	—	10.38	0.2598	0.2656
2006	1.4322	1.6128	1.268	2.516	12.1308	3.9512	2.3364	—	10.0048	0.2612	0.2674
2007	1.512	1.7042	1.496	4.141	13.1042	5.758	3.512	—	11.026	0.2618	0.2818
2008	1.656	1.9022	1.45	3.686	10.4506	4.1636	5.134	—	13.7386	0.2606	0.3278
2009	1.8482	1.9816	1.6402	3.6834	13.294	5.334	3.5292	—	14.39	0.3156	0.3066
2010	1.9802	2.36	1.8724	3.8722	24.7652	5.987	3.9982	—	14.6412	0.4512	0.3686

注：表中"—"表示数据缺失。

表4   中国种植业种植面积变动态势

年份	粮食作物	经济作物	蔬菜和瓜果	其他作物
1978	80.3	9.6	2.5	7.6
1980	80.1	10.9	2.46	6.54
1985	75.8	14.8	3.9	5.5
1990	76.5	13.8	4.8	4.9
1991	75.08	14.89	5.08	4.95
1992	74.2	15.27	5.45	5.08
1993	74.8	13.76	6.26	5.18
1994	73.9	14.32	6.78	5
1995	73.4	15	7.1	4.5
1996	73.86	13.4	7.6	5.14
1997	73.33	13.95	8.03	4.69
1998	73.08	13.45	8.57	4.9
1999	72.37	13.64	9.66	4.33
2000	69.39	14.85	11.06	4.7
2001	68.13	15.14	11.99	4.74
2002	67.18	15.14	12.74	4.94
2003	65.22	16.15	13.32	5.31
2004	66.17	16.01	12.83	4.99
2005	67.07	15.33	12.82	4.78
2006	67.18	15.14	13.06	4.62
2007	68.84	13.96	12.76	4.44
2008	68.34	14.92	12.88	3.86
2009	68.7	14.64	13.08	3.58
2010	68.38	14.55	13.31	3.76

资料来源：1999～2010年种植业结构数据由《中国统计年鉴》直接给出，本表1991～1998年数据由该统计年鉴中种植业播种面积计算得到。

参 考 文 献

[1] J. H. von Thunen. The Isolated State [M]. Oxford University Press, Oxford, 1966.

[2] Wang Honglin, xiaoxia Dong, jikun Huang, Scott Rozelle & Thomas Reardon. Producing and Procuring Horticultural Crops with Chinese Characteristics: Why Small Farmers are Thriving and Supermarkets are Absent in Rural China [J]. the 26th Conference Paper of the International Association of Agricultural Economists, 2006, 08.

[3] Finn R. Forsund, C. A. Knox Lovell, Peter Schmidt. A survey of frontier production functions and of their relationship to efficiency measurement [J]. Journal of Econometrics, 1980, 05.

[4] Nishimizu & Page. Total Factor Productivity Growth, Technical Progress and Technical Efficiency Change: Dimensions of Productivity Change in Yugoslavia, 1965 – 1978 [J]. The Economic Journal, 1982, 03.

[5] James M. Macdonald, Michael E. Ollinger, Kenneth E. Nelson & Charles R. Handy. Structural Change in Meat Industry: Implications for Food Safety Regulation [J]. American Journal of Agricultural Economic, 1996, 08.

[6] Chinkook Lee and Gerald Schluter. Growth and Strutural Change in U. S. Food and Fiber Industries: An Input – Output Perspective [J]. American Journal of Agricultural Economic, 1993, 08.

[7] Jurgen Muller and Joachim Schwalbach. Structural Change in West Germany's Brewing Industry: Some Efficiency Considerations [J]. The Journal of Industrial Economics, 1980, 06.

[8] D. Moya, J. De las Heras, F. R. Lo′pez – Serrano, S. Condes, I. Alberdi. Structural patterns and biodiversity in burned and managed Aleppo pine stands [J]. Plant Ecol , 2009, 06.

[9] J. H. Kirk. Emerald Article: The structure of agricultural marketing in

the United Kingdom [J]. European Journal of Marketing, 1968 China Agricultural Economic Review, 1968, 02.

[10] Seema Narayan, Russell Smyth. Unit roots and structural breaks in PNG macroeconomic time series [J]. International Journal of Social Economics, 2008, 01.

[11] Masudul Alam Choudhury. Some structural issues in demand and supply of global food production [J]. Journal of Economic Studies, 2001, 04.

[12] Shiwei Xu, Yumei Zhang, Xinshen Diao, Kevin Z. Chen. Impacts of agricultural public spending on Chinese food economy: A general equilibrium approach [J]. China Agricultural Economic Review, 2011, 03.

[13] Abiodun Elijah Obayelu. Cross – countries analysis of rising food prices: policy responses and implications on emerging markets [J]. International Journal of Emerging Markets, 2011, 05.

[14] M. R. Mulwa, A. Emrouznejad, F. M. Murithi. Impact of liberalization on efficiency and productivity of sugar industry in Kenya [J]. Journal of Economic Studies, 2009, 02.

[15] Charles C. Mueller. Factor Prices and Labour – Saving Technology in Brazil's Agriculture [J]. Journal of Economic Studies, 1980, 07.

[16] E. Omuru, R. Kingwell. Funding and managing agricultural research in a developing country: A Papua New Guinea case study [J]. International Journal of Social Economics, 2006, 01.

[17] Sumanjeet Singh. Global food crisis: magnitude, causes and policy measures [J]. International Journal of Social Economics, 2009, 07.

[18] Samuel Abaidoo. Globalization, biotechnologization of agriculture and farmers The quasi-employees of the new high technology farms [J]. International Journal of Manpower, 2000, 06.

[19] Joan Hoffman. Legal responsiveness: a contribution to a structural theory of economic crime [J]. International Journal of Social Economics, 2003, 04.

[20] Jie Lu, Angang Hu, Yilong Yan. Nonlinear investigations of China's agricultural transformation based on the structural break regime switching model [J]. China Agricultural Economic Review, 2012, 06.

[21] Nadja El Benni, Robert Finger, Stefan Mann. Effects of agricultural

policy reforms and farm characteristics on income risks in Swiss agriculture [J]. Agricultural Finance Review, 2012, 10.

[22] Jim Hansen, Francis Tuan, Agapi Somwaru. Do China's agricultural policies matter for world commodity markets? [J]. China Agricultural Economic Review, 2011, 08.

[23] Kyle Fitzgerald. Changes in the New Zealand apple industry [J]. British Food Journal, 2003.

[24] K. P. Kalirajan, R. T. Shand. Causality between Technical and Allocative Efficiencies: An Empirical Testing [J]. Journal of Economic Studies, 1992, 04.

[25] Geisa Lima Mesquita & Francisco André Ossamu Tanaka & Heitor Cantarella & Dirceu Mattos Jr. Atmospheric Absorption of Fluoride by Cultivated Species and Leaf Structural Changes and Plant Growth [J]. Water Air Soil Pollut, 2011, 03.

[26] 钱学森. 论农业系统工程 [J]. 农业现代化参考资料, 1982.

[27] 秦双月. 市场经济下发展种植业的思考 [J]. 农业信息研究, 1994 (4).

[28] 宋洪远, 廖洪乐. 农业发展新阶段与战略性结构调整——政策背景、主要内容、执行情况及对策建议 [J]. 管理世界, 2001 (6).

[29] 苏艳华. 黄土高原北部集雨补灌区的种植业结构调整模式研究 [D]. 中国农业大学, 2005.

[30] 谭卓, 王云飞, 李振兴. 对调整种植业结构影响因素的统计分析与研究——以湖南省种植产业为例 [J]. 中国科技论坛, 2008 (12).

[31] 王为农, 孙永朋. 我国种植业结构优化升级的思路及政策建议 [J]. 经济研究参考, 2008 (39): 24-40.

[32] 王秀清. 中国粮食国际竞争力研究 [J]. 农业技术经济, 1999 (2).

[33] 王义贵, 杜华章. 姜堰市种植业经济效益分析及结构调整的建议 [J]. 农业技术经济, 1996 (5).

[34] 王志敏. 集约多熟超高产——21 世纪我国粮食生产发展的重要途径 [J]. 农业现代化, 2000 (4): 193-196.

[35] 向青, 黄季焜. 地下水灌溉系统产权演变和种植业结构调整研究——以河北省为实证研究 [J]. 管理世界, 2000 (5).

　　[36] 邢安刚. 种植业结构调整中的农户行为研究 [D]. 华中农业大学, 2005.

　　[37] 徐志刚. 比较优势与中国农业生产结构调整 [D]. 南京农业大学, 2001.

　　[38] 杨礼胜. 我国农业科技创新促进结构调整的研究 [D]. 中国农科院, 2004.

　　[39] 叶长卫, 李雪松. 浅谈杜能农业区位论对我国农业发展的作用与启示 [J]. 华中农业大学学报 (社会科学版), 2002 (4).

　　[40] 于贵瑞. 种植业系统分析与优化控制方法 [M]. 农业出版社, 1991.

　　[41] 余德贵, 柯建国等. 农业产业系统自组织模型分析 [J]. 农业系统科学与综合研究 2001 (3).

　　[42] 张安录, 何林. 红安县农作物优势的风险型决策 [J]. 中国农业资源与区划, 1995 (1).

　　[43] 张斌. 物元模型及其在农业中的应用 [J]. 农业系统科学与综合研究, 1998, 17 (1).

　　[44] 张风波. 农业生产函数分析 [J]. 生产力研究, 1987 (3).

　　[45] 张光宇. 土地资源优化配置的物元模型 [J]. 系统工程理论与实践, 1998 (1).

　　[46] 张红元. 改革以来中国农业的增长与要素贡献 [J]. 中国农村经济, 1996 (5).

　　[47] 张明林, 黄国勤. 农业结构调整的经济学思考及分析 [J]. 江西农业大学学报, 2002 (2).

　　[48] 张文忠. 经济区位理论的研究: 以农业区位论为例 [D]. 东北师范大学, 1998.

　　[49] 张象枢. 系统工程在农业上的应用 [J]. 农业系统工程讲义, 1982.

　　[50] 赵其国. 我国农业可持续发展问题初探 [J]. 农业现代化研究, 1998 (5).

　　[51] 赵强基. 高产高效持续农作制度是农业可持续发展的基础 [M]. 江苏农业学报, 1998 (3): 23 - 28.

　　[52] 钟甫宁, 叶春辉. 中国种植业战略性结构调整的原则和模拟结果 [J]. 中国农村经济, 2004 (4).

［53］钟甫宁，朱晶．结构调整在我国农业增长中的作用［J］．中国农村经济，2000（7）.

［54］周小平．种植业结构调整中的风险评估及空间布局方法研究［D］．南京农业大学，2002.

［55］朱春江，唐德善．基于线性规划模型的农业种植业结构优化研究［J］．安徽农业科学，2006，34（12）.

［56］朱利群．淮安市淮阴区种植业比较优势分析及结构调整策略［D］．南京农业大学，2003.

［57］朱希刚．农业技术进步及其"七五"期间内贡献份额的测算分析［J］．农业技术经济，1994（2）.

［58］祝美群，白人朴．我国粮食生产的地区比较优势分析［J］．农业技术经济，2002（2）.

［59］陈丞等．农业结构调整的风险及其防范措施［J］．湖南农业科学，2001（6）：7-9.

［60］陈阜，梁志杰，陈述泉．多熟制的发展前景［J］．世界农业，1997（6）.

［61］戴景瑞，胡跃高主编．农业结构调整与区域布局（中国区域农业资源合理配置环境综合治理和农业区域协调发展战略研究）［M］．中国农业出版社，2008.

［62］郭剑雄，曹昭义．钱纳里结构转变理论中的农业发展观［J］．山东工程学院学报，2000（3）.

［63］张培刚，张建华．发展经济学［M］．经济科学出版社，2001.

［64］林毅夫．西方农业发展基本理论述评［J］．农业经济问题，1988（11）.

［65］杨晗，邱晖．产业结构理论的演化和发展研究［J］．商业经济，2012（5）.

［66］马洪，孙尚清主编．中国经济结构问题研究［M］．人民出版社，1981.

［67］杨治．产业经济学导论［M］．中国人民大学出版社，1985.

［68］郝奇，赵军．中国产业结构理论发展综述［J］．社科纵横，2012（2）.

［69］刘建中．资本配置效率研究的理论基础［J］．贵州财经学院学报，2010（2）.

[70] 高鸿业主编. 西方经济学（微观部分）第四版 [M]. 中国人民大学出版社，2009.

[71] 王立成. 新古典理论、X 效率理论与企业效率 [J]. 中国煤炭经济学院学报，2000（3）.

[72] 樊纲. 市场机制与经济效率 [M]. 上海三联书店、上海人民出版社，1995.

[73] 吕秀萍. 中国保险业效率研究 [D]. 天津财经大学博士论文，2007.

[74] 亚当·斯密，王大力、王亚南译. 国民财富的性质和原因研究 [M]. 商务印书馆，1974.

[75] 王国顺. 技术、制度与企业效率. 企业效率基础的理论研究 [J]. 中国经济出版社，2005.

[76] 萨缪尔森、诺德豪斯. 经济学（第十六版）[M]. 华夏出版社，1999.

[77] 林乐芬. 发展经济学 [M]. 南京大学出版社，2007.

[78] 罗其友. 我国农业经济运行效率及其区域差异分析 [J]. 经济研究，1994（8）.

[79] 杨林娟，韩建民. 确定甘肃农业优势产业促进农业资源配置优化 [J]. 中国农业资源与区划，2006（4）.

[80] 李晓爱，张素玲，郑凯. 基于数据库的农业资源配置的统计和决策 [J]. 安徽农业科学，2007，35（20）.

[81] 薛绍斌. 关于资源配置的现实思考 [J]. 思想理论指导，1995（4）.

[82] 黄党贵，夏绍玮. 产业劳动力结构的建模及控制 [J]. 系统工程理论与实践，1998（5）.

[83] 朱晓莉，周宏. 农业系统资源配置非线性系统模型分析 [J]. 技术经济与管理研究，2008（3）.

[84] 经济合作与发展组织，中国农业政策回顾与评价 [M]，中国经济出版社，2005.

[85] 马骏，王霄鹏，产业结构变动对生产率影响的定量测算 [J]，数量经济技术经济研究，1991（2）.

[86] 张利国. 我国农业结构调整的现状及影响因素分析 [J]. 科技与经济，2007.

[87] 王勇. 我国农业结构演变的驱动因素分析研究 [J]. 安徽农业科学, 2007 (35).

[88] 荣德福. 农业产业结构调整的影响因素及应用 [J]. 中国农学通报, 2004 (4).

[89] 曹树生, 黄心诚. 农业产业结构调整的影响因素 [J]. 甘肃农业, 2006 (3).

[90] 李长松. 浅析农业结构调整的影响因素 [J]. 宿州学院学报, 2006 (8).

[91] 邓振镛, 张强, 韩永翔, 蒲金涌, 赵鸿. 甘肃省农业种植结构影响因素及调整原则探讨 [J]. 干旱地区农业研究, 2006 (5).

[92] 常平凡, 邢保荣. 论农业和农村产业结构调整的依据 [J]. 山西农业大学学报 (社会科学版), 2004 (3).

[93] 王方舟, 孙文生. 河北省农业种植结构的优化对策研究 [J]. 江苏农业科学, 2011 (1).

[94]《江苏农村改革发展30年》编委会编. 江苏农村改革发展30年 [M]. 中国统计出版社, 2008.

[95] 周雁武, 周雁辉, 李莲秀. 我国耕地面积锐减的原因和对策 [J]. 湖南涉外经济学院学报, 2006 (7).

[96] 段玉婉, 刘用, 杨翠红. 中国耕地面积变化及分区域面板数据建模分析 [J]. 统计与决策, 2012 (3).

[97] 叶忱, 黄贤金. 江苏经济发展及人口增长与耕地资源动态变化研究 [J]. 华中农业大学学报 (社会科学版), 2000 (2).

[98] 杨瑞珍. 我国耕地资源流失原因的深层剖析与政策建议 [J]. 中国人口资源与环境, 2005 (3).

[99] 郭贯成. 耕地面积变化与经济发展水平的相关分析——以江苏十三个市为例 [J]. 长江流域资源与环境, 2001 (9).

[100] 周宏. 中国种植业增长与贡献因素分析 [J]. 中国农村经济, 2008 (1).

[101] 刘旗, 张冬平, 赵翠萍, 孙西超. 农业结构效率决定性因素层次分析 [J]. 河南农业大学学报, 2002 (6).

[102] 毛春红. 南水北调东线江苏段农业种植制度调整和效益评价研究 [D]. 南京农业大学硕士学位论文, 2008.

[103] 田岛俊雄著, 李毅, 杨林译. 中国农业的结构与变动 [M].

经济科学出版社，1998.

[104] H. 孟德拉斯著，李培林译. 农民的终结 [M]. 中国社会科学出版社，1991.

[105] 党耀国，刘思峰，薛信莉等. 我国第一产业内部结构调整的数学模型与对策 [J]. 农业系统科学与综合研究，2006，22（02）.

[106] 董晓霞，乌云花. 农户种植业结构调整的意愿及其影响因素分析——以环北京地区为例 [J]. 安徽农业科学，2008，36（5）.

[107] 董晓霞. 种植业结构调整对农户收入影响的实证分析——以环北京地区为例 [J]. 农业技术经济，2008（1）.

[108] 高德明. 从生态位观点评价苏南地区种植业结构调整 [J]. 生态学杂志，1993（2）.

[109] 顾焕章，王培志. 农业技术进步对农业经济增长贡献的定量研究 [J]. 农业技术经济，1994（5）.

[110] 河南省农调队课题组. 河南农业增长的结构贡献分析 [J]. 中国农村经济，2000（7）.

[111] 霍丽娅. 从农民个人收入变化看农业种植业结构调整——四川省成都市龙泉驿区转龙村个案调查研究 [J]. 农村经济，2006（6）.

[112] 李昌新. 江苏沿江高沙土地区种植业系统特征及其结构优化 [D]. 南京农业大学，2001.

[113] 李超，李晓明. 调整农业结构与发展区域经济 [J]. 经济纵横，2000（5）.

[114] 李国祥. 农业结构调整对农民增收的效应分析 [J]. 中国农村经济，2005（5）.

[115] 林潼. 农林结构调整的物元优化模型及逐次逼近优化调整 [J]. 农业系统科学与综合研究，2002（5）.

[116] 刘喜珍等. 北京市种植业结构调整卫星遥感监测应用技术的研究 [J]. 中国农学通报，2001（6）.

[117] 刘小英，柴志敏，李富忠. 山西省种植业结构调整问题研究 [J]. 山西农业科学，2009（37）.

[118] 刘玉满. 美国加利福尼亚州的农业生产结构调整——美国加利福尼亚州农业考察报告 [J]. 中国农村经济，2002（5）.

[119] 刘玉锁，周玉萍，苗爱军等. 河北省种植业结构调整决策支持系统研究 [J]. 河北农业大学学报（农林教育版），2006，8（4）.

［120］娄婧，王立莹．技术创新对种植业结构调整的影响［J］．农机化研究，2006（4）．

［121］卢良恕．卢良恕文选［M］．中国农业出版社，1999．

［122］罗攀柱，张慧军．湖南省农业经济发展的灰色系统分析——基于农业现代化物质技术手段视角［J］．中南林业科技大学学报（社会科学版），2009（1）．

［123］马兰，张曦．农业区位论及其现实意义［J］．云南农业科技，2003（3）．

［124］马世骏，王如松．社会—经济—自然复合生态系统［J］．生态学报，1984（1）．

［125］彭长生，李光泗，徐翔．粮食流通体制改革与中国种植业生产结构变动［J］．统计与决策，2006（7）．

［126］钟甫宁主编．农业经济学（第五版）［M］．中国农业出版社，2011．

［127］丁长清，慈鸿飞．中国农业现代化之路——近代中国农业结构、商品经济与农村市场［M］．商务印书馆，2000．

［128］厉为民．农业结构研究——国外经验的启示［M］．中国农业出版社，2008．

［129］国风．中国农村经济结构创新分析［M］．中国财政经济出版社，2000．

［130］陆文聪．粮食市场化改革的农业结构变动效应及对策研究［M］．中国农业出版社，2005．

［131］顾焕章，张超超．中国农业现代研究［M］．中国农业科技出版社，1998．

［132］郭翔宇，刘宏曼．比较优势与农业结构优化［M］．中国农业出版社，2005．

［133］《农业经济译丛》编辑部编．农业经济译丛，农业结构长期演变的一些探讨．农业科技出版社，1980，8：136－150．

［134］《农业经济译丛》编辑部编．农业经济译丛，法国农业结构与农业政策．农业科技出版社，1980，8：151－168．

［135］《农业经济译丛》编辑部编．农业经济译丛，加拿大农业组织、结构和管制的变化．农业科技出版社，1980，8：119－135．

［136］《农业经济译丛》编辑部编．农业经济译丛，变化中的美国农

业结构. 农业科技出版社, 1979, 11: 123 – 136.

[137]《农业经济译丛》编辑部编. 农业经济译丛, 日本的农业结构. 农业科技出版社, 1979, 11: 78 – 98.

[138]《农业经济译丛》编辑部编. 农业经济译丛, 经互会各国农业生产的结构及其变化. 农业科技出版社, 1980, 8: 83 – 102.

[139]《农业经济译丛》编辑部编. 农业经济译丛, 1971 – 1976 年匈牙利的农业. 农业科技出版社, 1980, 8: 50 – 64.

[140]《农业经济译丛》编辑部编. 农业经济译丛, 英国的农业结构. 农业科技出版社, 1979, 11: 99 – 122.

[141] 弗兰克·艾利思, 胡景北译. 农民经济学: 农民家庭农业与农业发展 [M]. 上海人民出版社, 2006.

[142] 全慰天. 中国近代小农经济的贫农化 [J]. 中国人民大学学报, 1992 (4).

[143] 苏振芳. 中国小农经济的历史演变与农村社会结构的变迁 [J]. 马克思主义与现实, 2004 (6).

[144] 徐新吾. 中国封建社会长期延续的基本原因——关于中国小农经济生产结构凝固性问题探讨 [J]. 中国经济史研究, 1986 (4).

[145] 钟振. 中国小农经济存在和发展的历史条件 [J]. 四川财经学院学报, 1982 (2).

[146] 王炳春. 中国农地资源安全研究 [M]. 中国大地出版社, 2008.

[147] 齐城主编. 迈向现代农业的路径探索 [M]. 中国农业出版社, 2006.

[148] 蔡为民, 唐华俊. 土地利用系统健康评价 [M]. 中国农业出版社, 2007.

[149] 刘成武. 中国农地边际化问题研究 [M]. 科学出版社, 2009.

[150] 陈红霞. 中国城乡土地市场协调发展的制度研究 [M]. 哈尔滨工程大学出版社, 2007.

[151] 朱四海. 我国农业政策演变的两条基本线索 [J]. 农业经济问题, 2005 (11).

[152] 李岩, 孙宝玉. 我国农业政策演变及对农业经济的影响 [J]. 农业经济, 2012 (5).

[153] 李瑞红. 改革 30 年农业产业结构政策回顾 [J]. 安徽农业科

学，2009，37（27）.

　[154] 何忠伟，蒋和平. 我国农业补贴政策的演变与走向 [J]. 中国软科学，2003（10）.

　[155] 张领先，傅泽田，张小栓. 农业国内支持政策研究综述 [J]. 商业研究，2005（20）.

　[156] 黄季焜，李宁辉. 中国农业政策分析和预测模型——CAPSiM [J]. 南京农业大学学报（社会科学版），2003（3）.